Klasse 5/6

Gabriela Rosenwald

Grimms Märchen an Stationen

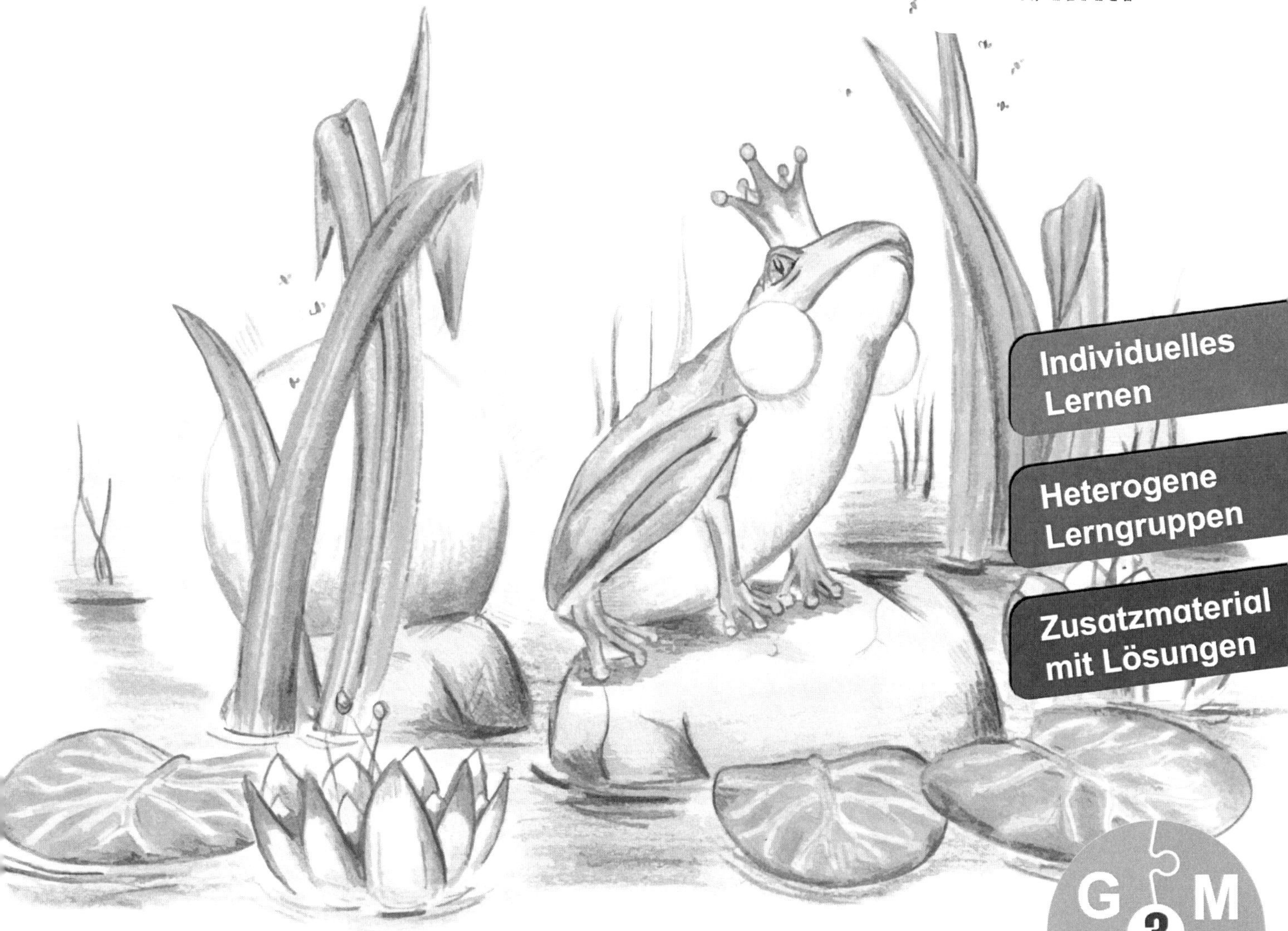

Individuelles Lernen

Heterogene Lerngruppen

Zusatzmaterial mit Lösungen

G M 3 E

- ➡ Infotexte und Aufgaben
- ➡ Differenziert in drei Niveaustufen
- ➡ Ohne Vorarbeit sofort umsetzbar

Grimms Märchen an Stationen

Klasse 5/6

8. Auflage 2026

Inhalt: Gabriela Rosenwald
Coverbilder: © Hans-Jürgen Krahl & volondoff - AdobeStock.com
Redaktion: Kohl-Verlag
Grafik & Satz: Eva-Maria Noack & Kohl-Verlag
Druck: farbo prepress GmbH, Köln

Bestell-Nr. 12 393

ISBN: 978-3-96624-066-6

Bildquellen:

Seite 4: © brdfx - AdobeStock.com; **Seiten 6 – 42:** © askaja - AdobeStock.com; **Seite 6**: © Hasmik - AdobeStock.com; **Seite 7**: © Hasmik - AdobeStock.com; **Seite 8**: © Hasmik - AdobeStock.com, © silmen - AdobeStock.com; **Seite 9**: © mariarita - AdobeStock.com, © Anna Velichkovsky - AdobeStock.com; **Seite 10**: © mariarita - AdobeStock.com, © wikimedia commons (gemeinfrei 2x); **Seite 11**: © Hans-Jürgen Krahl - AdobeStock.com, © honeyflavour - AdobeStock.com); **Seite 12**: © Djessi85 - AdobeStock.com (2x), © Gstudio Group - AdobeStock.com; **Seite 13**: © agaes8080 - AdobeStock.com (13x); **Seite 14**: © agaes8080 - AdobeStock.com (2x); **Seite 15/16**: © agaes8080 - AdobeStock.com (2x); **Seite 17/18**: © Mustafa - AdobeStock.com (9x), © Christine Wulf - AdobeStock.com; **Seite 19**: © honeyflavour - AdobeStock.com (2x), © Anna Velichkovsky - AdobeStock.com; **Seite 20**: © honeyflavour - AdobeStock.com, © Bobb Klissourski - AdobeStock.com; **Seite 21**: © editonepankaj16 - AdobeStock.com,© honeyflavour - AdobeStock.com (3x); **Seite 22**: © honeyflavour - AdobeStock.com (4x); **Seite 23**: © Rada Covalenco - AdobeStock.com, © Anne Anderson - wikimedia commons; **Seite 24**: © Neyro - AdobeStock.com, © Happypictures - AdobeStock.com, © Frank Vincentz - wikimedia commons; **Seite 25**: © Mustafa - AdobeStock.com, **Seite 26**: © Stefan Thiermayer - AdobeStock.com, **Seite 27**: © tigatelu - AdobeStock.com, © Can Yesil - AdobeStock.com, © GraphicsRF - AdobeStock.com; **Seite 28**: © GraphicsRF - AdobeStock.com, © Mustafa - AdobeStock.com; **Seite 29**: © honeyflavour - AdobeStock.com, © Anna Velichkovsky - AdobeStock.com; **Seite 30**: © Vetra Kori - AdobeStock.com, © honeyflavour - AdobeStock.com; **Seite 31**: © Mustafa - AdobeStock.com (6x), © tigatelu - AdobeStock.com, © EvgeniyBrobrov - AdobeStock.com, © agaes8080 - AdobeStock.com; **Seite 32**: © Hasmik- AdobeStock.com (6x), © EvgeniyBrobrov - AdobeStock.com; **Seite 33**: © honeyflavour - AdobeStock.com; **Seite 34**: © carlacastagno - AdobeStock.com (2x); **Seite 35**: © ladyx - AdobeStock.com (2x), © honeyflavour - AdobeStock.com; **Seite 36**: © Liliya - AdobeStock.com, © Hasmik - AdobeStock.com (bearb.); **Seite 37**: © Hasmik - AdobeStock.com (9x); **Seite 38**: © Hasmik - AdobeStock.com (8x); **Seite 40**: © wikimedia commons (gemeinfrei); **Seite 41**: © isaak74 - AdobeStock.com; **Seite 42**: © Ludwig Richter - wikimedia commons, © Otto Ubbelohde - wikimedia commons; **Seite 43**: © style-o-Mat - AdobeStock.com, © Bajena - AdobeStock.com, © Марина Константинова - AdobeStock.com; **Seite 44**: © style-o-Mat - AdobeStock.com, © Bajena - AdobeStock.com (2x); **Seite 45/46**: © style-o-Mat - AdobeStock.com, © platinka - AdobeStock.com, © Christine Wulf - AdobeStock.com (3x), © agaes8080 - AdobeStock.com (2x), © tigatelu - AdobeStock.com (2x), © honeyflavour - AdobeStock.com (5x), © Hasmik - AdobeStock.com, **Seite 47**: © style-o-Mat - AdobeStock.com, © honeyflavou - AdobeStock.com, **Seite 48**: © style-o-Mat - AdobeStock.com, © Sergio J Lievarno - AdobeStock.com, © tigatelu - AdobeStock.com; **Seite 49**: © style-o-Mat - AdobeStock.com, © Offterdinger - wikimedia commons, © wikimedia commons (gemeinfrei); **Seite 50**: © style-o-Mat - AdobeStock.com, © Herrfurth_Wolf - wikimedia commons, © wikimedia commons (gemeinfrei); **Seite 51**: © gomixer - AdobeStock.com, © carlacastagno - AdobeStock.com; **Seite 52**: © gomixer - AdobeStock.com, © notkoo2008 - AdobeStock.com, © carlacastagno - AdobeStock.com; **Seite 53**: © gomixer - AdobeStock.com, © fotomek - AdobeStock.com; **Seite 54**: © gomixer - AdobeStock.com, © honeyflafour - AdobeStock.com, © blueringmedia - AdobeStock.com, © fotomek - AdobeStock.com; **Seite 55**: © gomixer - AdobeStock.com © topvectors - AdobeStock.com, © SpicyTrufffel - AdobeStock.com; **Seite 56**: © gomixer - AdobeStock.com © editonepankaj16 - AdobeStock.com, © honeyflafour - AdobeStock.com; **Seite 57**: © oleon17 - AdobeStock.com, © h4nk - AdobeStock.com, © sadybar - AdobeStock.com; **Seite 58**: © oleon17 - AdobeStock.com, © honeyflafour - AdobeStock.com (2x); **Seite 59**: © oleon17 - AdobeStock.com, © perisuta - AdobeStock.com, © Lady Luck - AdobeStock.com, © Buchhändler - wikimedia commons; **Seite 60**: © oleon17 - AdobeStock.com, © wikimedia commons (gemeinfrei), © Frank Vincentz - wikimedia commons; **Seite 61**: © wikimedia commons (gemeinfrei 2x), © C. Schiller - AdobeStock.com; **Seite 62**: © wikimedia commons (gemeinfrei 2x), © OTFW Berlin - wikimedia commons; **Seite 63**: © Buxtehude Arne Hückelheim - wikimedia commons (2x), © Ewkaa - wikimedia commons, © Bytfisch - wikimedia commons, © Dirk Schmidt - wikimedia commons, © Ulrich Müller - AdobeStock.com, © Tine - wikimedia commons, © Bodo Kubrak - wikimedia commons; **Seite 64**: © Buxtehude Arne Hückelheim - wikimedia commons, © wikimedia commons (gemeinfrei)

Kontakt: Kohl-Verlag, An der Brennerei 37-45, 50170 Kerpen
Tel: +49 2275 331610, Mail: info@kohlverlag.de

Unsere Lizenzmodelle

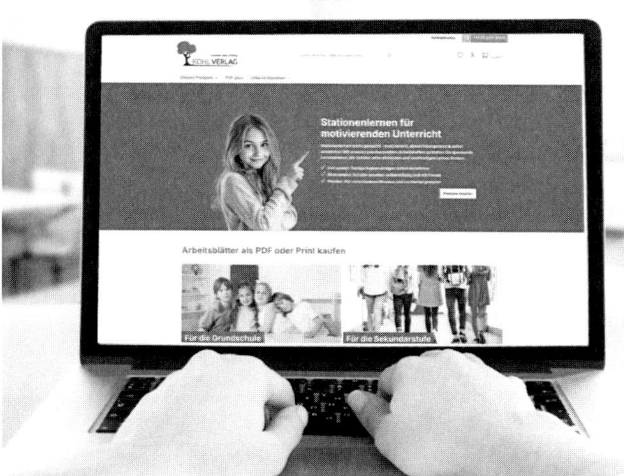

Der vorliegende Band ist eine Print-Einzellizenz

Sie wollen unsere Kopiervorlagen auch digital nutzen? Kein Problem – fast das gesamte KOHL-Sortiment ist auch sofort als PDF-Download erhältlich! Wir haben verschiedene Lizenzmodelle zur Auswahl:

	Print-Version	PDF-Einzellizenz	PDF-Schullizenz	Kombipaket Print & PDF-Einzellizenz	Kombipaket Print & PDF-Schullizenz
Unbefristete Nutzung der Materialien	x	x	x	x	x
Vervielfältigung, Weitergabe und Einsatz der Materialien im eigenen Unterricht	x	x	x	x	x
Nutzung der Materialien durch alle Lehrkräfte des Kollegiums an der lizensierten Schule			x		x
Einstellen des Materials im Intranet oder Schulserver der Institution			x		x

Die erweiterten Lizenzmodelle zu diesem Titel sind jederzeit im Online-Shop unter www.kohlverlag.de erhältlich.

Inhalt – Überblick

Vorwort

Auch wenn die Märchen der Brüder Grimm zum Teil nur in Disney-Versionen bekannt sind, sind sie nicht nur bei Kindern beliebt. Sie führen in eine übernatürlich wunderbare Welt und regen so die Fantasie an. Je nach Leistungsvermögen können die Schüler verschiedene Aufgaben zu den 13 verschiedenen Märchen erarbeiten.
Dazu erfahren die Schüler und Schülerinnen auch etwas über das Leben von Jacob und Wilhelm Grimm und über die Deutsche Märchenstraße. Genauso werden der Aufbau von Märchen, Märchenzahlen, Märchenwörtern und Märchenfiguren besprochen. Sie lernen ebenfalls, ein eigenes Märchen zu schreiben. Viele Aufgaben lassen sich mühelos auch auf andere Märchen übertragen, zum Beispiel Comic schreiben, Personenbeschreibung und Inhaltsangabe.
Bei der Arbeit an Stationen arbeiten Schüler und Schülerinnen in ihrem eigenen Zeitrhythmus. Die freie Wahl der Reihenfolge und die Selbstkontrolle fördern das selbstständige Lernen.

Viel Freude und Erfolg mit diesen Kopiervorlagen
wünschen der Kohl-Verlag und

Gabriela Rosenwald

⊙	grundlegendes Niveau
!	mittleres Niveau
★	erweitertes Niveau

KOHL VERLAG

Arbeitspass

Name: ________________________________

Klasse: __________

Seite	Thema	begonnen	erledigt

Übersicht

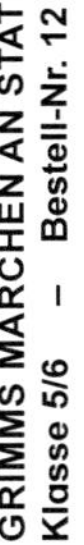

Übersicht

Station

Aschenputtel I

Aufgabe:  *Lies das Märchen und beantworte die Fragen richtig:*

- **a)** Warum wurde das Mädchen Aschenputtel genannt?
- **b)** Warum wurden alle Jungfrauen im Land zum König eingeladen?
- **c)** Wie waren die Stiefschwestern zu Aschenputtel?
- **d)** Was hat die kranke Mutter vor dem Tod ihrem einzigen Töchterlein gesagt?
- **e)** Wie viele Abende und mit wem tanzte Aschenputtel?
- **f)** Wie viele Töchter hatte die Stiefmutter?
- **g)** Wer half Aschenputtel bei der Hausarbeit vor dem Fest und wie?
- **h)** Was brachte der Vater den Töchtern mit?
- **i)** Was machten die Stiefschwestern, um den goldenen Schuh anzuziehen?
- **j)** Warum verlor Aschenputtel einen Schuh?
- **k)** Wer sagte dem Königssohn, dass er die falschen Bräute bekam?
- **l)** Wie fand der Königssohn schließlich die echte Braut?
- **m)** Womit endet das Märchen?

Station

Aschenputtel II

Aufgabe:

a) Im Märchen „Aschenputtel" gibt es 5 wichtige Personen: Aschenputtel, den Prinzen, die Stiefmutter und die beiden Schwestern. Überlege dir zu jedem einen passenden Satz, der die fünf Personen beschreibt.

Aschenputtel	
Der Prinz	
Die Stiefmutter	
Die Schwestern	

b) Warum kümmerte sich wohl der Vater nicht um seine Tochter?

c) Aschenputtel möchte zum Fest gehen. Entwirf für das Mädchen ein Ballkleid. Macht dann in eurer Klasse eine Ausstellung.

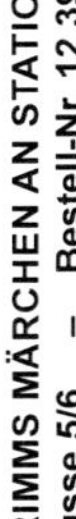

Station

Lösung

Aschenputtel I

a) Das Mädchen hieß Aschenputtel, weil es immer staubig und schmutzig aussah.

b) Der König suchte eine Frau für seinen Sohn.

c) Hochnäsig, ungerecht und überheblich waren die Stiefschwestern.

d) Liebes Kind, bleib fromm und gut. Ich will auf dich herabblicken und immer bei dir sein.

e) Aschenputtel tanzte 3 Abende mit dem Königssohn.

f) Die Stiefmutter hatte 2 Töchter.

g) Tauben und andere Vögel pickten die Linsen aus der Asche.

h) Er kaufte für die beiden Stiefschwestern schöne Kleider, Perlen und Edelsteine, Aschenputtel bekam das gewünschte Reisig.

i) Eine hackte sich die Zehe ab, die andere die Ferse, weil ihre Füße zu groß waren.

j) Der Königssohn hatte Pech auf die Trepppe gestrichen.

k) Die Tauben am Grab von Aschenputtels Mutter sagten es dem Prinzen.

l) Nur Aschenputtel passte der Schuh wie angegossen.

m) Mit der Hochzeitsfeier, bei der den beiden Stiefschwestern die Augen ausgepickt wurden und sie blind wurden, endet das Märchen.

Station

Aschenputtel II

Lösung

a) Aschenputtel wurde von ihrer Stiefmutter und den Stiefschwestern verspottet und gehänselt.
Der Prinz hatte sich sofort in Aschenputtel verliebt und suchte verzweifelt nach ihr.
Die Stiefmutter war falsch und bevorzugte ihre eigenen Töchter.
Die Schwestern waren schön, aber grausam zu Aschenputtel.

b) und

c) freie Antworten

Station

Aschenputtel III

Aufgabe: *Löse das Kreuzworträtsel.*

1 Wie heißt die Hauptperson des Märchens?
2 Wer hilft dem Mädchen beim Arbeiten?
3 Der König gab einen …
4 Die Stiefmutter schüttet Erbsen und … in die Asche.
5 rüttle dich und … dich
6 Sie pflanzte das Reisig auf dem … der Mutter.
7 Die Stiefschwestern waren …
8 Spruch: die schlechten ins …
9 Spruch: … dich und
10 Spruch: die guten ins …
11 Wem passt der goldene …
12 Der Königssohn sprach: „Das ist meine rechte …

Station

Aschenputtel IV

Aschenputtel und Cinderella
Sicher kennt ihr auch die Geschichte von Cinderella. Der französische Schriftsteller Charles Perrault hat ihr Märchen im 17. Jahrhundert aufgeschrieben. Die Gebrüder Grimm haben Aschenputtel im 18. Jahrhundert entdeckt.

Aufgabe: *Ordne zu: Was gehört zu Aschenputtel, was zu Cinderella? Schreibe in dein Heft.*

- Mäuse und Ratten werden in wunderschöne Pferde verwandelt.
- Der Kürbis wird in eine Kutsche verwandelt.
- Das Mädchen erhält von seinem Vater ein Haselreisig. Den pflanzt sie auf dem Grab ihrer Mutter ein.
- Der gläserne Schuh.
- Der goldene Schuh.
- Der Ball dauert 3 Tage.
- Die Täubchen helfen, die Linsen aus der Asche zu klauben.
- Die Tante ist eine Fee, die zaubern kann. Sie zaubert ein wunderschönes Ballkleid.
- Im Haselbaum erscheinen ein Ballkleid und die passenden Schuhe.
- Der Ball dauert 2 Tage.
- Die Stiefschwestern erhalten ihre gerechte Strafe.
- Die Stiefschwestern werden nicht bestraft, denn das Mädchen verzeiht ihnen.

Station

Aschenputtel III

Lösung

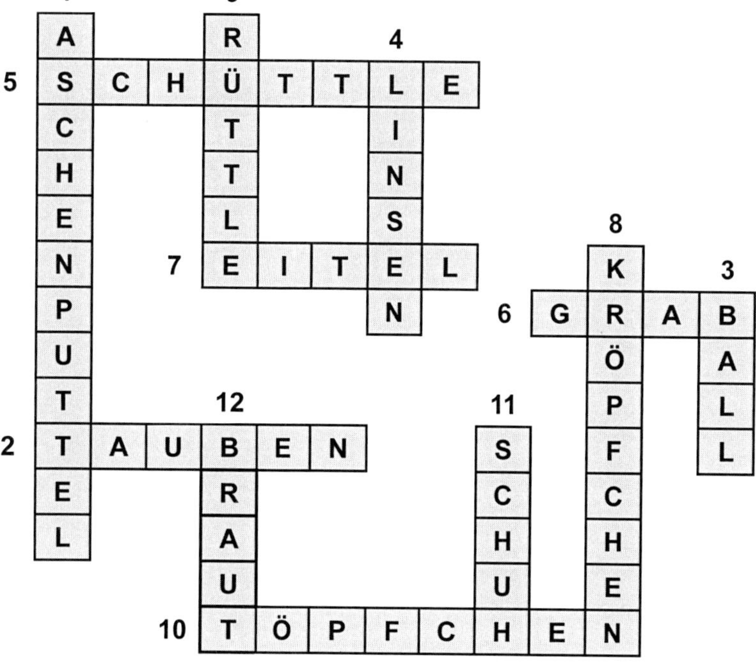

Station

Aschenputtel IV

Lösung

Aschenputtel	Cinderella
Das Mädchen erhält von seinem Vater ein Haselreisig. Den pflanzt es auf dem Grab ihrer Mutter ein.	Mäuse und Ratten werden in wunderschöne Pferde verwandelt.
Die Täubchen helfen, die Linsen aus der Asche zu klauben.	Der Kürbis wird in eine Kutsche verwandelt.
Der goldene Schuh.	Der gläserne Schuh.
Der Ball dauert 3 Tage.	Der Ball dauert 2 Tage.
Im Haselbaum erscheinen ein Ballkleid und die passenden Schuhe.	Die Tante ist eine Fee, die zaubern kann. Sie zaubert ein wunderschönes Ballkleid.
Die Stiefschwestern erhalten ihre gerechte Strafe.	Die Stiefschwestern werden nicht bestraft, denn das Mädchen verzeiht ihnen.

Station

Der Froschkönig I

Aufgabe: *In diesem Text sind einige Sachen nicht richtig beschrieben. Korrigiere die Sätze und schreibe sie richtig auf.*

Jeden Tag spielte die Prinzessin mit ihrer Silberkugel im Garten. Doch eines Tages fiel die Kugel in den Brunnen. Traurig setzte sich das Mädchen an das Seeufer und weinte. Da erschien plötzlich eine Kröte und fragte: „Was gibst du mir, wenn ich dir helfe?" Die Prinzessin versprach: „Wenn du mir meine goldene Kugel wiederbringst, darfst du an meinem Tisch sitzen, mit mir essen, in mein Zimmer kommen und in meinem Bettchen schlafen." Rasch holte der Frosch den Fußball aus dem Brunnen. Doch als die Prinzessin glücklich ihr Spielzeug in der Hand hielt, lief sie schnell ins Schloss, ohne auf den Frosch zu warten. Am Abend klopfte es an der Hoftür. „Königstochter, jüngste, lass mich ein!" rief der Frosch. Die Prinzessin wollte das ekelige Tier nicht hereinlassen. Aber der König meinte: „Wenn du etwas versprochen hast, musst du es auch halten." So durfte der Frosch mit essen und die Prinzessin in den Keller begleiten. Doch als der Frosch sich auch in ihr Bettchen legte und einen Gute-Nacht-Kuss verlangte, warf ihn die Prinzessin wütend auf den Boden. Sie staunte sehr, als auf einmal ein junger Bauer vor ihr stand. Er war viele Jahre verzaubert gewesen.

Station

Der Froschkönig II

Aufgabe: *Beantworte die folgenden Aufgaben in vollständigen Sätzen.*

a) Wie kam es, dass der Prinz verzaubert wurde?

b) Was wäre geschehen, wenn der König seiner Tochter nicht befohlen hätte, ihr Versprechen zu halten?

c) Die Prinzessin hat den Frosch ziemlich schäbig behandelt. Wie wäre das Märchen weitergegangen, wenn der Frosch, nachdem er wieder Prinz war, das übel genommen hätte?

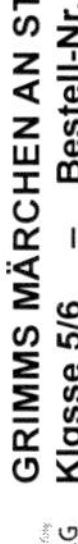

Station

Lösung

Der Froschkönig I

Jeden Tag spielte die Prinzessin mit ihrer Goldkugel im Garten. Doch eines Tages fiel die Kugel in den Brunnen. Traurig setzte sich das Mädchen an den Brunnenrand und weinte. Da erschien plötzlich ein Frosch und fragte: „Was gibst du mir, wenn ich dir helfe?" Die Prinzessin versprach: „Wenn du mir meine goldene Kugel wieder bringst, darfst du an meinem Tisch sitzen, mit mir essen, in mein Zimmer kommen und in meinem Bettchen schlafen." Rasch holte der Frosch die goldene Kugel aus dem Brunnen. Doch als die Prinzessin glücklich ihr Spielzeug in der Hand hielt, lief sie schnell ins Schloss, ohne auf den Frosch zu warten. Am Abend klopfte es an der Schlosstür. „Königstochter, jüngste, lass mich ein!" rief der Frosch. Die Prinzessin wollte das ekelige Tier nicht hereinlassen. Aber der König meinte: „Wenn du etwas versprochen hast, musst du es auch halten." So durfte der Frosch bei Tisch sitzen, mit essen und die Prinzessin auf ihr Zimmer begleiten. Doch als der Frosch sich auch in ihr Bettchen legte und einen Gute-Nacht-Kuss verlangte, warf ihn die Prinzessin wütend an die Wand. Sie staunte sehr, als auf einmal ein junger Prinz vor ihr stand. Er war viele Jahre verzaubert gewesen.

Station

Der Froschkönig

Lösung

Der Froschkönig II

a) Der Prinz war bei einem Ritt durch den Wald vom Weg abgekommen. Eine alte Frau in einem kleinen Haus bot ihm eine Tasse Tee an. Doch die Alte war eine Hexe. Sie mischte ein Zauberkraut in den Tee. Beim ersten Schluck, den der Prinz nahm, rief sie:
„Abrakadabrosch, aus dir werde ein Frosch!"
und schon saß der Prinz in Froschgestalt vor ihr.

b) Entweder wäre der Frosch tief enttäuscht zum Brunnen zurück gehüpft oder er wäre so lange vor der Türe sitzen geblieben, bis ihn jemand eingelassen hätte.

c) Der Prinz hätte sich kurz bedankt und wäre seiner Wege gegangen.
Oder der Prinz hätte die Prinzessin geheiratet, sie mit in sein Königreich genommen und dort in der Küche arbeiten lassen.

GRIMMS MÄRCHEN AN STATIONEN

Station

Der gestiefelte Kater I

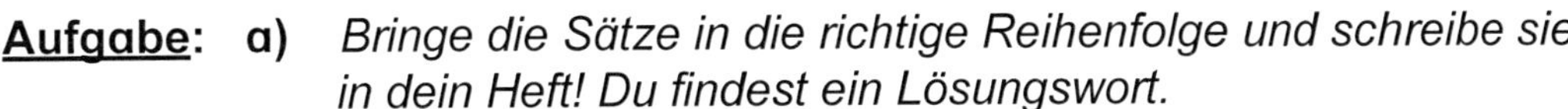

Aufgabe: a) *Bringe die Sätze in die richtige Reihenfolge und schreibe sie in dein Heft! Du findest ein Lösungswort.*

D Am nächsten Tag ging der Kater auf Jagd, fing Rebhühner und brachte sie dem König.

L Durch einen Trick überlistete der Kater den Zauberer, dem das Schloss gehörte.

W Es war einmal ein Müller, der hatte drei Söhne, seine Mühle, einen Esel und einen Kater.

M Dieser freute sich sehr über die Rebhühner und gab dem Kater so viel Gold in seinen Sack, wie er tragen konnte.

E Da der junge Graf nun sehr reich war, durfte er die Prinzessin heiraten.

I Als der Vater starb, bekam der jüngste Sohn nur den Kater.

Ü Auch am nächsten Tag brachte der Kater dem König einen reichen Fang. So ging es alle Tage, und der Kater brachte viel Gold heim.

H Der Kater besorgte seinem Grafen neue Kleider und ein Schloss.

N Der Müllerssohn ließ dem Kater ein Paar Stiefel machen.

b) *Was dachte der Müllerssohn über die Aktionen seines Katers?*

Station

Der gestiefelte Kater II

Aufgabe: *In jedem der 6 Quadrate finden sich 2 Bilder, die je einen Teil des Märchens erzählen. Beschreibe die Szenen.*

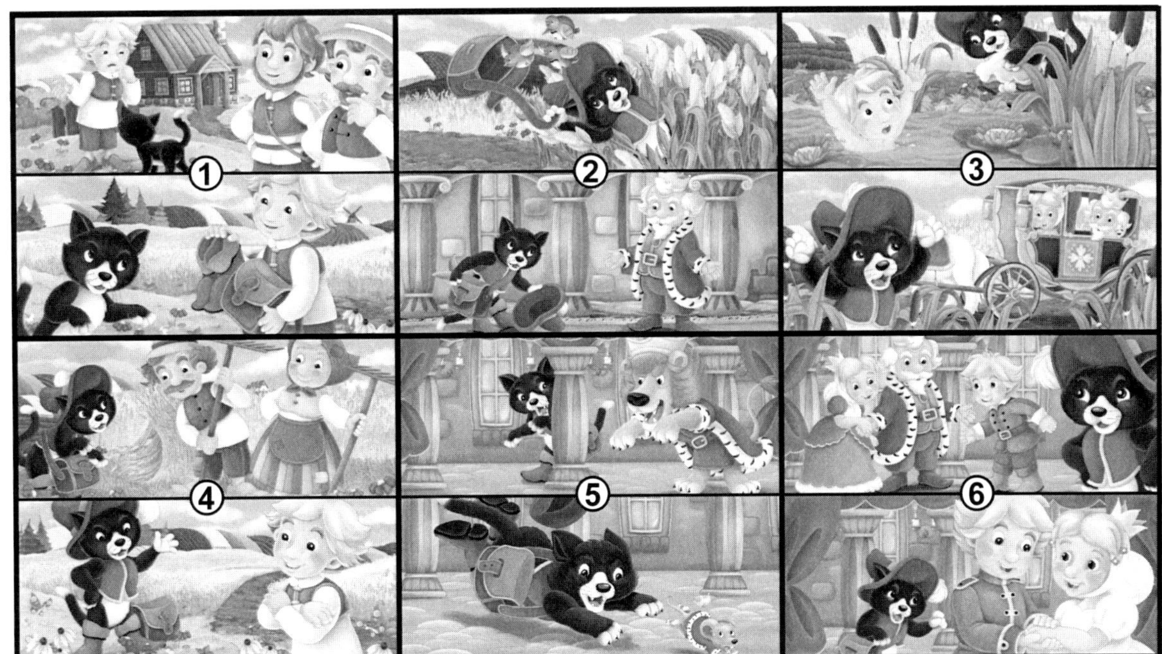

GRIMMS MÄRCHEN AN STATIONEN
Klasse 5/6 – Bestell-Nr. 12 393
KOHL VERLAG

Station

Der gestiefelte Kater I

Lösung

a) Lösungswort: Windmühle

b) freie Antworten
(Er schien ja damit einverstanden zu sein, sonst hätte er sich wohl gegen die Aktionen gewehrt.)

Station

Der gestiefelte Kater II

Lösung

1. Der jüngste Sohn erbte nur den Kater. Das Tier überredete den Sohn, ihm ein paar Stiefel machen zu lassen.
2. Der Kater wusste, dass der König gerne Rebhühner aß. Er fängt einige, bringt sie ins Schloss und schmeichelt sich so beim König ein.
3. Der Kater erfuhr, dass der König und seine Tochter eine Kutschfahrt machen wollten. Er weist den Müllerssohn an, im See zu baden. Als die Kutsche naht, behauptet er, seinem Herrn, dem Grafen, seien beim Baden die Kleider gestohlen worden. Der König lässt prächtige Kleider aus seinem Schloss holen. Der Graf fährt in der Kutsche mit.
4. Der Kater eilt der Kutsche voraus und befiehlt allen Feld- und Waldarbeitern dem König zu sagen, dass Felder und Wald dem Grafen gehören.
5. Wiederum durch Schmeichelei bringt er den Besitzer des Schlosses, einen mächtigen Zauberer dazu, sich zu verwandeln. Als der Zauberer eine Maus ist, frisst der Kater ihn auf.
6. Als der König sieht, welch prächtiges Schloss der Graf besitzt, gibt er ihm seine Tochter zur Frau.

Station

Der Wolf und die sieben Geißlein I

Aufgabe: *Lies dir das Märchen „Der Wolf und die sieben Geißlein“ gut durch! Kreuze anschließend die richtigen Antworten an! Du erhältst ein anderes Wort für Geißlein.*

1. Es war einmal eine alte Geiß, die hatte sieben junge

Schweinchen	A	Geißlein	Z	Hunde	E

2. Woran sollten die kleinen Geißlein den Wolf erkennen?

rauhe Stimme	I	schwarze Pfoten	C	weiße Pfoten	H

3. Was erzählt der Wolf dem Kaufmann?

Er hatte einen Unfall	S	Er hat sich gestoßen	C	Er ist gestolpert	D

4. Was besorgte sich der Wolf beim Kaufmann, damit seine Stimme feiner wurde?

Mehl	R	Zucker	O	Kreide	K

5. Beim wievielten Versuch ließen die Geißlein den Wolf ins Haus?

beim 1. Versuch	S	beim 3. Versuch	L	beim 4. Versuch	B

6. Was ließ die alte Geiß aus ihrem Haus holen, um ihre Jungen aus dem Bauch des Wolfes zu retten?

Hammer und Zange	A	Messer und Garn	F	Schere, Nadel, Zwirn	E

7. Was füllten die Geißlein dem Wolf in den Bauch ein?

Steine	I	Sand	G	Kohlen	P

8. Warum fiel der Wolf in den Brunnen?

die Steine zogen ihn	N	er hatte großen Durst	M	die Geißlein stießen ihn	A

Station

Der Wolf und die sieben Geißlein II

Aufgabe: **a)** *Im Märchen wird beschrieben, wo sich die 7 Geißlein versteckten. Notiere in ganzen Sätzen. Nutze dabei folgende Verben: verstecken, verbergen, fliehen, rennen, verschanzen, flüchten, verkriechen.*

Das erste Geißlein ...
Das zweite ...

b) *Welches Geißlein fand der Wolf nicht?*

GRIMMS MÄRCHEN AN STATIONEN
Klasse 5/6 – Bestell-Nr. 12 393
KOHL VERLAG

Station

Der Wolf und die sieben Geißlein I

Lösung

Lösungswort: Zicklein

Station

Der Wolf und die sieben Geißlein II

Lösung

a) Das erste Geißlein versteckte sich unter dem Tisch.
Das Zweite verbarg sich im Bett.
Das Dritte floh in den Ofen.
Das Vierte rannte in die Küche.
Das Fünfte verschanzte sich im Schrank.
Das Sechste flüchtete unter die Waschschüssel.
Das Siebte verkroch sich im Uhrenkasten.

b) Das Geißlein im Uhrenkasten fand der Wolf nicht.

GRIMMS MÄRCHEN AN STATIONEN

Station

Die Bremer Stadtmusikanten I

Aufgabe: **a)** *Bringe die Bilder in die richtige Reihenfolge und erzähle das Märchen mit deinen Worten.*

b) *Ordne den Tieren die richtige Eigenschaft zu: störrisch, eigenwillig, stolz, treu.*

GRIMMS MÄRCHEN AN STATIONEN
Klasse 5/6 – Bestell-Nr. 12 393
KOHL VERLAG

Station

Die Bremer Stadtmusikanten II

Aufgabe: *Beantworte die Fragen und setze richtig in das Gitter ein.*

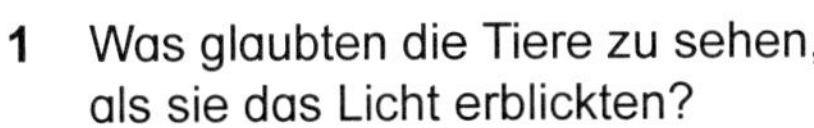

1 Was glaubten die Tiere zu sehen, als sie das Licht erblickten?
2 In dem Haus wohnten viele ...
3 Hunde ...
4 Wo trafen die drei Tiere den Hahn? Auf einem ...
5 Die Tiere blickten durch das ... in das Haus.
6 Was schreit der Hahn?
7 Welches Tier begleitete den Esel als Erstes?
8 Wohin wollten die Tiere gehen?
9 Wie viele Tiere wollten Stadtmusikanten werden?
10 Der Räuber glaubte, dass die ... ihn kratzte.
11 Er hat viele Jahre lang Säcke in die Mühle getragen.
12 Auf dem Tisch sahen die Tiere leckeres ...
13 Wo legten sich die Tiere zuerst schlafen?

GRIMMS MÄRCHEN AN STATIONEN
Klasse 5/6 – Bestell-Nr. 12 393
KOHL VERLAG

Station

Die Bremer Stadtmusikanten I

Lösung

a)

b) Man sagt, der Esel ist störrisch, der Hund treu, die Katze eigenwillig und der Hahn stolz.

Station

Die Bremer Stadtmusikanten II

Lösung

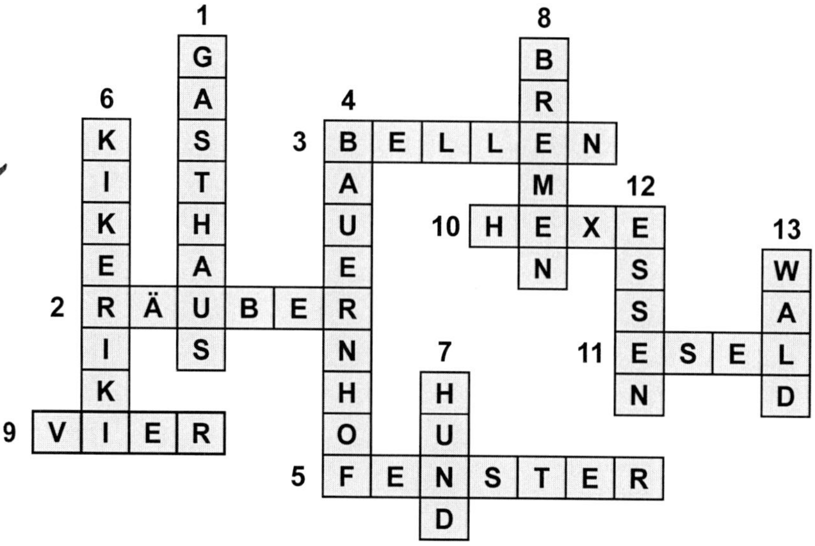

				1							8					
				G							B					
		6		A			4				R					
		K		S		3	B	E	L	L	E	N				
		I		T			A				M		12			
		K		H			U		10	H	E	X	E			13
		E		A			E				N		S			W
	2	R	Ä	U	B	E	R						S			A
		I		S			N		7			11	E	S	E	L
		K					H		H				N			D
9	V	I	E	R			O		U							
						5	F	E	N	S	T	E	R			
									D							

Station

Dornröschen I

Aufgabe: *Im Märchen heißt es, „es gab 13 weise Frauen im Land“. Nur 12 durften kommen. Die 13. Frau wünschte Dornröschen den Tod. Die anderen hatten für Dornröschen nur gute Wünsche. Sucht die Wünsche aus dem Text heraus und schreibt sie in die Tabelle. Im Märchen stehen nicht alle Wünsche. Findet die restlichen 8 guten Wünsche für Dornröschen.*

1		8	
2		9	
3		10	
4		11	
5		12	
6		13	
7			

Station

Dornröschen II

Aufgabe:

a) *Du warst zu Gast bei der Taufe von Dornröschen. Schreibe deiner Oma einen Brief und berichte darüber!*

b) *Die Leute vom Schloss wollen vor dem großen Hochzeitsfest in der Stadt einige Sachen kaufen und erledigen. Doch die Welt hat sich sehr verändert. Überlegt, was es im 18. Jahrhundert noch nicht gab oder was sich seitdem verändert hat.*

c) *Spinnen am Spinnrad kommt bei Frau Holle, Rumpelstilzchen und Dornröschen vor. Vielleicht schaut ihr im Internet (z. B.: YouTube), wie das Spinnen geht.*

Station

Lösung

Dornröschen I

Die 13 weisen Frauen wünschten Dornröschen:

Nr.	Wunsch	Nr.	Wunsch
1	Tugend	8	Geduld
2	Schönheit	9	Fleiß
3	Reichtum	10	Gerechtigkeit
4	Klugheit	11	Freude
5	Liebe	12	Tod
6	Weisheit	13	100-jähriger Schlaf
7	Güte		

Station

Lösung

Dornröschen II

a) Hallo Oma, das war eine aufregende Feier!
Alle waren sehr festlich gekleidet, und es gab ein tolles Essen.
Und die kleine Prinzessin ist ein sehr hübsches Kind. Dann traten die 12 weisen Frauen vor, die eingeladen waren, und brachten ihre guten Wünsche an. Doch nach der 11. Gratulantin erschien die 13. Frau. Sie war wütend, dass sie nicht eingeladen wurde und wünschte dem kleinen Mädchen mit 15 Jahren den Tod. Die letzte weise Frau konnte den Wunsch nicht aufheben, wandelte ihn aber in einen 100-jährigen Schlaf um. Bin mal gespannt, wie das sein wird! Liebe Grüße …

b) Es gab keine Computer, kein Handy, kein Telefon, kein Radio und kein Fernsehen. Man schrieb einen Brief oder schickte einen Boten, wenn man Nachrichten weitergeben wollte. Auto, Bus, Straßenbahn gab es auch noch nicht, man fuhr mit der Kutsche oder ritt.

Station

Dornröschen III

Aufgabe: *Schreibt zu den folgenden Szenen ein Rollenspiel.*

a) Wie ging es bei der Taufe zu? Es gab den König, die Königin, die 13 weisen Frauen, einige weitere Gäste und das Baby.

b) Dornröschen trifft die alte Spinnerin. Was erzählt sie Dornröschen?

c) Der Prinz zerschlägt nach 100 Jahren die Dornenhecke und küsst Dornröschen wach. Was wird er zu ihr sagen? Was wird er über die vergangenen 100 Jahre erzählen?

Station

Dornröschen IV

Aufgabe: *Als die böse Fee ihren Fluch ausspricht, herrscht allgemeines Entsetzen. Doch zum Glück ist ja noch ein guter Wunsch offen. Gestalte diese Bilder als Comic. Was sagen oder denken Königin, König, die böse und die gute Fee?*

Station

Dornröschen III

Lösung

a) freie Antworten

b) Die alte Frau erzählt: „Ich wohne schon seit bald 100 Jahren hier im Turm. Jeden Tag spinne ich Garn, was zu Betttüchern und Kleiderstoffen verwoben wird. Bestimmt tragen alle Leute hier am Hof irgendein Teil aus meinem Garn. Da bin ich sehr stolz drauf."

c) Der Prinz erzählt: Ich habe gehört, dass in den 100 Jahren schon viele Königssöhne versucht haben, in das Schloss einzudringen. Aber alle sind in den dichten Dornen umgekommen.

Station

Dornröschen IV

Lösung

	Die Königstochter soll sich mit 15 Jahren an einer Spindel stechen und tot umfallen.
	Das kannst du uns doch nicht antun! Das kleine Kind kann doch nichts dafür!
	Es wird kein Tod sein, nur ein 100-jähriger Schlaf.

Station

Frau Holle I

Aufgabe: a) *Beschreibt die 4 Hauptpersonen des Märchens genau. Wie sehen sie aus? Was machen sie? Welche Charaktermerkmale haben sie? Was ist typisch?*

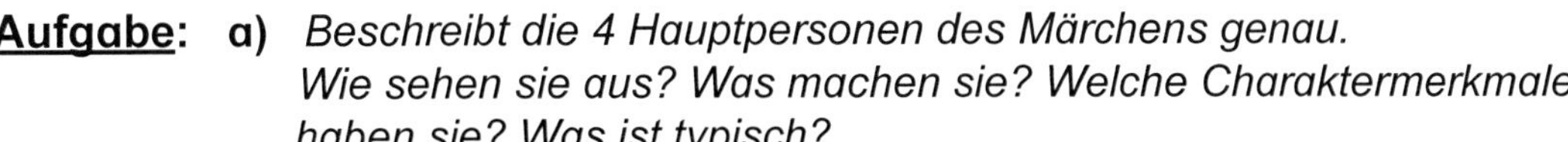

böse – grausam – lieb – fleißig – frech – unverschämt – listig – faul – gemein – selbstsüchtig – gemütlich – freundlich – verständnisvoll – gerecht – schön – hilfsbereit

Goldmarie	Pechmarie	Stiefmutter	Frau Holle

b) *Wie geht das Leben von Goldmarie, Pechmarie und der Stiefmutter weiter? Wird Goldmarie ihrer Stiefmutter und Pechmarie mal richtig die Meinung sagen? Gibt sie den beiden etwas von ihrem Reichtum ab? Oder dreht sie nun den Spieß um und kommandiert die beiden zur Arbeit?*

GRIMMS MÄRCHEN AN STATIONEN
Klasse 5/6 – Bestell-Nr. 12 393

Station

Frau Holle II

Aufgabe: *Lies den Text hier und schreibe die falschen Sätze richtig auf:*

Eine Witwe hatte 4 Töchter. Eine war schön und fleißig, die andere hässlich und faul. Das schöne Mädchen musste die ganze Arbeit machen, weil es die Stieftochter war. Sie musste täglich spinnen, bis ihr die Finger bluteten.
Eines Tages fiel ihr die Spule in den See. Die Stiefmutter befahl ihr in den See zu springen, um die Spule wieder aus dem Brunnen zu holen.
Als das Mädchen erwachte, befand es sich auf einer wunderschönen Wiese. Es kam zu einem Backofen und holte das Brot heraus. Danach gelangte es zu einem Baum mit vielen reifen Äpfeln. Es schüttelte den Baum und legte alle Äpfel auf einen Haufen.
Schließlich kam es zu dem Haus, in dem Frau Holle wohnte, und half der alten Frau fleißig im Haushalt.
Weil es Heimweh hatte, brachte Frau Holle das Mädchen zu einem großen Tor. Als es hindurchging, regnete es Gold. Das Gold blieb an ihm hängen. Als die Stiefmutter das sah, ließ sie auch ihre richtige Tochter in den Brunnen springen, damit auch sie mit Gold nach Hause kommen würde.
Die Tochter holte auch das Brot aus dem Backofen und schüttelte die reifen Äpfel vom Baum. Das faule Mädchen half Frau Holle aber nicht bei der Arbeit, es schüttelte nicht einmal die Betten aus. Als es wieder nach Hause wollte und durch das Tor ging, wurde es mit schwarzem Pech bedeckt.

GRIMMS MÄRCHEN AN STATIONEN
Klasse 5/6 – Bestell-Nr. 12 393

Station

Frau Holle I

Lösung

a)

Goldmarie	Pechmarie	Stiefmutter	Frau Holle
lieb	frech	böse	gemütlich
fleißig	unverschämt	grausam	verständnisvoll
schön	faul	listig	freundlich
hilfsbereit	selbstsüchtig	gemein	gerecht

b) freie Antworten

Station

Frau Holle II

Lösung

Eine Witwe hatte 2 Töchter.

Eines Tages fiel ihr die Spule in den Brunnen.

Die Stiefmutter befahl ihr in den Brunnen zu springen.

Die Tochter holte das Brot nicht aus dem Backofen und schüttelte auch die reifen Äpfel nicht vom Baum.

Das faule Mädchen half Frau Holle aber nicht bei der Arbeit, es schüttelte gerade ein paar Mal die Betten aus.

Station

Hänsel und Gretel I

Es ist etwas anderes, ob ein Märchen erzählt oder vorgelesen wird. Wir machen den Test. Drei Schüler/innen gehen aus der Klasse, z. B. Tim, Mara und Leonie. In der Klasse wird nun das Märchen von Hänsel und Gretel vorgelesen.
Dann kommt Tim herein. Ein Schüler erzählt das Märchen. Alle hören zu und machen sich Notizen, wenn etwas nicht stimmt.
Nun kommt Leonie herein. Tim erzählt das Märchen nun so, wie er es gehört hat. Wieder schreiben die anderen auf, was nicht stimmt.
Zuletzt kommt Mara zurück in die Klasse. Jetzt erzählt Leonie das Märchen so, wie sie es von Tim gehört hat. Wieder die Abweichungen notieren.

Aufgabe:

a) *Wie oder was hat sich im Märchen verändert?*

b) *Wie war das wohl früher, als es noch keine Märchenbücher gab und die Geschichten nur weitererzählt wurden?*

c) *Was gehört zu Hänsel und Gretel? Markiere es rot:*

Spinnrad, Hexe, Lebkuchen, Frosch, Wald, Brot, Wein, Backofen, Ziege, Käfig, Blumen, Holzstöckchen, Esel.

Station

Hänsel und Gretel II

Aufgabe: *Beantworte die folgenden Fragen.*

a) Wie viele Tage und Nächte waren Hänsel und Gretel im Wald, bevor sie das Knusperhäuschen fanden?

b) Welches Schimpfwort benutzte die Hexe, als Gretel nicht in den Ofen krabbeln will?

c) Warum erkannte die Hexe nicht, dass Hänsel ihr nicht seinen Finger, sondern ein Knöchlein aus dem Gitter herausstreckte?

d) Wie oft hatten die Eltern von Hänsel und Gretel versucht, die Kinder im Wald zurückzulassen?

e) Was machte Hänsel mit dem Brot, als sie im Wald waren?

f) Wie reagierten die Mutter und der Vater von Hänsel und Gretel, als die Kinder wieder zu Hause ankamen?

g) Wie versuchten die Kinder, den Weg zurück nach Hause zu finden?

h) Warum sperrte die Hexe Hänsel in den Stall mit Gitter und gab ihm gutes Essen?

i) Was nahmen Hänsel und Gretel aus dem Haus der Hexe mit?

j) Wie kamen Hänsel und Gretel auf dem Heimweg über den See?

GRIMMS MÄRCHEN AN STATIONEN
Klasse 5/6 – Bestell-Nr. 12 393

Station

Hänsel und Gretel I

Lösung

a) und **b)** freie Antworten

c) Zum Märchen Hänsel und Gretel gehören:
Hexe, Lebkuchen, Wald, Brot, Backofen, Käfig, Holzstöckchen

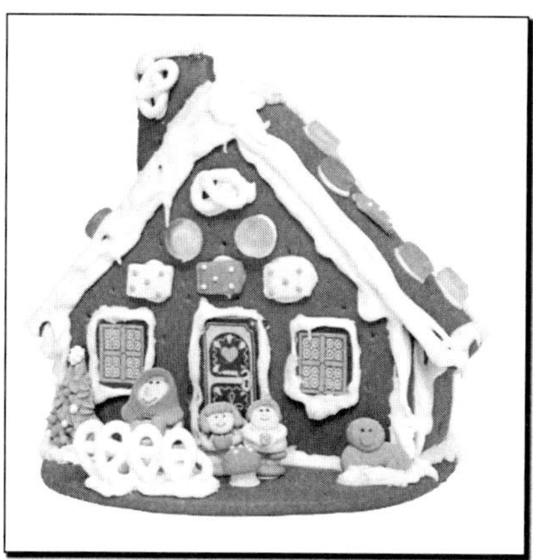

Station

Hänsel und Gretel II

Lösung

a) Die Kinder verbrachten 3 Tage und 2 Nächte im Wald.

b) Die Hexe rief: „Dumme Gans!"

c) Die Hexe konnte sehr schlecht sehen.

d) Zweimal setzten die Eltern ihre Kinder im Wald aus.

e) Hänsel streute Brotbröckchen auf den Weg, da er keine Kieselsteine hatte.

f) Die Mutter schimpfte, der Vater freute sich.

g) Beim ersten Versuch verteilte Hänsel Kieselsteine, beim zweiten streute er Brotstückchen.

h) Sie wollte ihn fett füttern und dann essen.

i) Sie nahmen Perlen und Edelsteine mit nach Hause.

j) Ein Entchen brachte sie übers Wasser.

Station

Hänsel und Gretel III

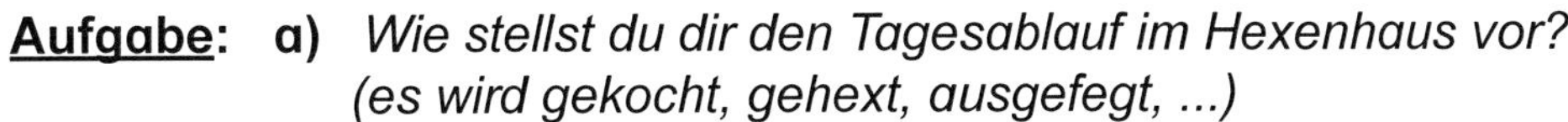

Aufgabe: **a)** *Wie stellst du dir den Tagesablauf im Hexenhaus vor? (es wird gekocht, gehext, ausgefegt, ...)*

b) *Gestaltet eine Collage vom Hexenhaus im Wald. Dazu eignen sich gut Werbeprospekte von Süßigkeiten, kleine Zweige, Blätter, Eisstiele usw. Hänsel, Gretel und die Hexe könnt ihr aus Pappe ausschneiden, anmalen und aufkleben. Ihr könnt selber zeichnen oder die Vorlagen von Seite 28 nutzen.*

c) *Nach der Rückkehr der Geschwister werden Hänsel und Gretel für die Dorfzeitung interviewt. Was fragt der Reporter? Was erzählen Hänsel und Gretel? Schreibe das Gespräch auf.*

Station

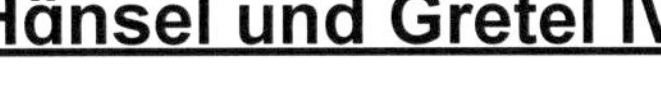

Hänsel und Gretel IV

Aufgabe:

Per SMS fragt ein Freund den Hänsel: „Wo bist du? Ich habe so lange nichts von dir gehört?“

Hänsel antwortet per SMS. Schreibe eine ganz kurze Fassung des Märchens auf das Display – aber in vollständigen Sätzen.

GRIMMS MÄRCHEN AN STATIONEN
Klasse 5/6 – Bestell-Nr. 12 393

Station

Hänsel und Gretel III

Lösung

a) eigene Antworten

b) Vorlage für Hänsel, Gretel und die Hexe, evtl. könnt ihr diese vergrößern:

c) eigene Antworten

Station

Hänsel und Gretel IV

Lösung

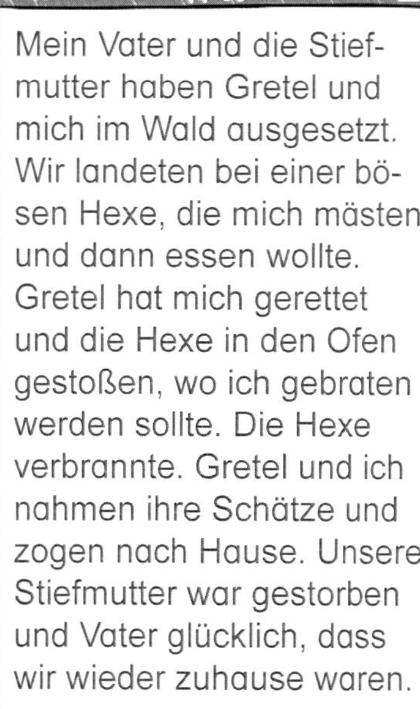

Mein Vater und die Stiefmutter haben Gretel und mich im Wald ausgesetzt. Wir landeten bei einer bösen Hexe, die mich mästen und dann essen wollte. Gretel hat mich gerettet und die Hexe in den Ofen gestoßen, wo ich gebraten werden sollte. Die Hexe verbrannte. Gretel und ich nahmen ihre Schätze und zogen nach Hause. Unsere Stiefmutter war gestorben und Vater glücklich, dass wir wieder zuhause waren.

Station

Rapunzel I

Aufgabe: *Bringe die Sätze in die richtige Reihenfolge. Du erhältst ein Lösungswort, ein anderes Wort für Rapunzel.*

L Als die schöne Rapunzel zwölf Jahre alt war, schloss es die Zauberin in einen Turm, der keine Tür und nur ein kleines Fenster hatte.

F Im Garten der Zauberin wuchs herrlicher Rapunzelsalat, den die Frau unbedingt essen wollte. Doch die Zauberin erwischte den Nachbarn beim Pflücken.

A „Ist das die Leiter, auf welcher man hinaufkommt, so will ich auch einmal mein Glück versuchen", dachte der Königssohn.

A Als der Prinz im Turm die Zauberin traf, war er entsetzt, sprang hinunter in die Dornen und wurde blind.

S Eines Tages ritt ein Königssohn vorbei und hörte Rapunzels Gesang. Dann beobachtete er, wie die Zauberin an Rapunzels Zopf hinaufstieg.

E Die Zauberin ließ den Mann die Rapunzeln mitnehmen. Als Gegenleistung verlangte sie das Baby, wenn es geboren wäre. Es solle ihm gut gehen.

L Als die böse Zauberin von den Besuchen erfuhr, schnitt sie Rapunzel ihren Zopf ab und brachte sie in eine Wüstenei.

D Wenn die Zauberin hinein wollte, stellte sie sich unten hin und rief: Rapunzel, Rapunzel, lass dein Haar hinunter! Daran stieg sie dann empor.

T Er irrte lange unglücklich umher, bis er eines Tages Rapunzels Gesang hörte. Er warf sich in ihre Arme, und ihre Freudentränen machten, dass er wieder sehen konnte.

GRIMMS MÄRCHEN AN STATIONEN
Klasse 5/6 – Bestell-Nr. 12 393
KOHL VERLAG

Station

Rapunzel II

Aufgabe:

Wie könnte das Märchen ausgegangen sein? Finde ein anderes Ende.

a) Der Prinz schafft es, Rapunzel zu entführen …

b) Rapunzel stößt die Hexe vom Turm, gerade als …

c) Der Prinz überredet die Zauberin, mit ihm zu kommen …

d) ... sicher gibt es weitere Arten, das Märchen zu beenden.

GRIMMS MÄRCHEN AN STATIONEN
Klasse 5/6 – Bestell-Nr. 12 393

Station

Lösung

Rapunzel I

Im Garten der Zauberin wuchs herrlicher Rapunzelsalat, den die Frau unbedingt essen wollte. Doch die Zauberin erwischte den Nachbarn beim Pflücken.
Die Zauberin ließ den Mann die Rapunzeln mitnehmen. Als Gegenleistung verlangte sie das Baby, wenn es geboren wäre. Es solle ihm gut gehen.
Als die schöne Rapunzel zwölf Jahre alt war, schloss es die Zauberin in einen Turm, der keine Tür und nur ein kleines Fenster hatte.
Wenn die Zauberin hinein wollte, stellte sie sich unten hin und rief: Rapunzel, Rapunzel, lass dein Haar hinunter! Daran stieg sie dann empor.
Eines Tages ritt ein Königssohn vorbei und hörte Rapunzels Gesang. Dann beobachtete er, wie die Zauberin an Rapunzels Zopf hinaufstieg.
„Ist das die Leiter, auf welcher man hinaufkommt, so will ich auch einmal mein Glück versuchen", dachte der Königssohn.
Als die böse Zauberin von den Besuchen erfuhr, schnitt sie Rapunzel ihren Zopf ab und brachte sie in eine Wüstenei.
Als der Prinz im Turm die Zauberin traf, war er entsetzt, sprang hinunter in die Dornen und wurde blind.
Er irrte lange unglücklich umher, bis er eines Tages Rapunzels Gesang hörte.
Er warf sich in ihre Arme, und ihre Freudentränen machten, dass er wieder sehen konnte.

Lösungswort: **Feldsalat**

Station

Lösung

Rapunzel II

a) Die Hexe ist wütend und sucht im ganzen Land nach Rapunzel. Als der Prinz davon erfährt, lässt er seine Leute sie suchen und festnehmen. Er sperrt sie in einen dunklen Keller, ohne Essen und Trinken. So stirbt die Hexe.

b) Rapunzel nimmt all ihren Mut zusammen und stößt die Alte vom Fensterbrett, gerade als die ins Zimmer klettern will. Die Zauberin landet in den Dornen und ein fürchterliches Geheul erklingt. Dann wird es ganz still. Die Hexe ist tot, stellt der Prinz fest, als er später Rapunzel besucht.

c) Der Prinz verspricht der Hexe ein Leben in Luxus und Reichtum, wenn sie mit ihm kommt und Rapunzel freilässt. Die gierige Alte geht darauf ein und lässt sich von dem Prinzen mitnehmen. Der sperrt sie auf einer alten, verfallenen Burg in einen hohen Turm. „Da siehst du, wie das ist!" ruft er noch, bevor er schnell zu Rapunzel zurückreitet und sie befreit.

d) eigene Ideen …

Station

Rotkäppchen I

Aufgabe: *Lies das Märchen und finde zu jedem Bild eine passende Überschrift:*

Station

Rotkäppchen II

Aufgabe:

a) *Wie erklärt Rotkäppchen dem Wolf den Weg zur Großmutter?*
b) *Was fragt Rotkäppchen die Großmutter, als es dort ankommt?*
c) *Warum erschoss der Jäger den Wolf nicht?*
d) *Was versprach Rotkäppchen nach dem Abenteuer?*
e) *Der Weg durch den Wald zur Großmutter ist weit. Hilf Rotkäppchen, ihn zu finden!*

GRIMMS MÄRCHEN AN STATIONEN
Klasse 5/6 – Bestell-Nr. 12 393

Station 

Lösung

Rotkäppchen I

Ein Auftrag der Mutter
Erstes Treffen mit dem Wolf
Blumen pflücken für Großmutter
Ankunft bei der Großmutter
Der Jäger hört ein Schnarchen
Der Wolf ist tot

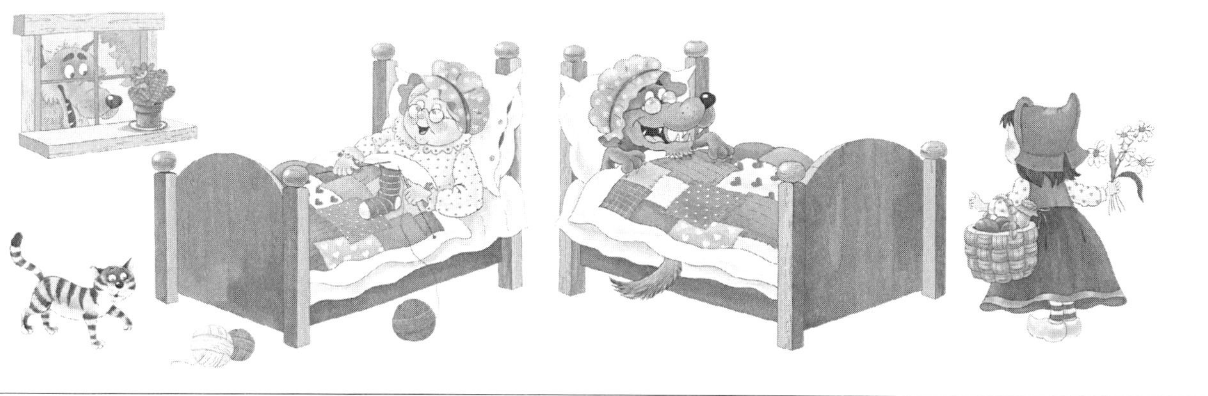

Station  

Lösung

Rotkäppchen II

a) Du musst noch eine gute Viertelstunde durch den Wald gehen.
Ihr Haus steht unter drei großen Eichen, daneben sind die Nusshecken.

b) Rotkäppchen fragt: „Ei, Großmutter, was hast du für große Ohren?“
„Ei, Großmutter, was hast du für große Augen?“
„Ei, Großmutter, was hast du für große Hände?“
„Ei, Großmutter, was hast für einen entsetzlich großen Mund?“

c) Dem Jäger fiel ein, dass die Großmutter vielleicht noch leben könnte und er sie mit einem Schuss verletzen könnte.

d) Rotkäppchen versprach:
„Ich will mein Lebtag nicht mehr alleine vom Wege ab in den Wald laufen, wenn es die Mutter mir verboten hat!

e) Der Weg zur Großmutter:

Station

Rumpelstilzchen I

Aufgabe: a) *Gestaltet einen Steckbrief von diesem Männlein, das das Kind der Königin haben will, sodass man es finden kann. Welche Informationen findet ihr im Märchen? Wie könnte es aussehen? Malt ein Bild und vergleicht eure Ergebnisse. Notiert Name, Alter, Größe, Aussehen, Charaktereigenschaften, Beruf und Wohnort.*

b) *Findet zu jedem Buchstaben einen Namen. Anschließend könnt ihr die Namen vorlesen. Wie beim Spiel Stadt, Land, Fluss gibt es 5 Punkte für Namen, die mehrere Schüler haben, 10 Punkte, wenn nur einer den Namen hat und keinen Punkt, wenn kein Name da steht. Bemüht euch, alte Namen zu finden!*

A		**B**		**C**	
D		**E**		**F**	
G		**H**		**J**	
J		**K**		**L**	
M		**N**		**O**	
P		**R**		**S**	
T		**U**		**W**	

Station

Rumpelstilzchen II

Aufgabe: a) *Was denkst du über den Müller, der seine Tochter so in Schwierigkeiten brachte?*

b) *Was findest du an Rumpelstilzchen positiv oder negativ? Einerseits hilft er der Müllertochter, andererseits will er ihr das Kind nehmen. Liste auf!*

positiv	negativ

c) *Setze das Textpuzzle richtig zusammen und du hörst von den Plänen des kleinen Wichtes.*

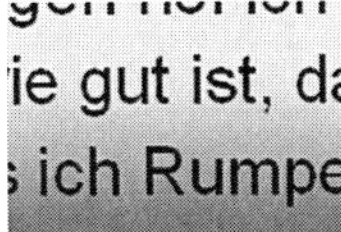

ack ich,
brau ich,
der Königin

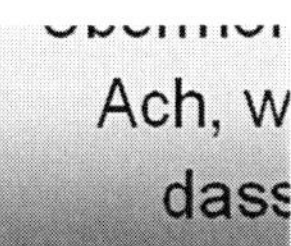

ass niemand
lstilzchen h

weiß,
eiß!"

"Heute b
Morgen l
gen hol ich

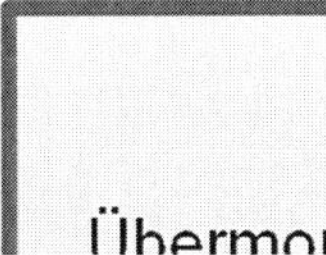

Station

Rumpelstilzchen I

Lösung

Aufgabe: a)

Steckbrief

Name:	? *(noch nicht bekannt)*
Alter:	100 Jahre
Größe:	100 Zentimeter
Aussehen:	grauer Bart und graue Haare, lange Nase
Charakter:	hilfsbereit, hartherzig, grausam (aber gerecht)
Beruf:	Goldspinner
Wohnort:	im Wald

b)

A	Albert, Artur	**B**	Bert, Bernhard	**C**	Clemens, Christian
D	Dietmar, Dieter	**E**	Emil, Erich, Erhard	**F**	Florian, Franz
G	Georg, Gustav	**H**	Hans, Heinrich	**J**	Jochen, Johann
J	Jakob, Johann	**K**	Karl, Kurt, Konrad	**L**	Ludwig, Leopold
M	Max, Martin	**N**	Nikolas, Norbert	**O**	Oskar, Otto
P	Paul, Peter	**R**	Richard, Robert	**S**	Sebastian, Siegfried
T	Theodor, Thomas	**U**	Urban, Ulrich, Udo	**W**	Wilhelm, Waldemar

Station

Rumpelstilzchen II

Lösung

a) Der Müller wollte angeben vor dem König, indem er behauptete, seine Tochter könne Stroh zu Gold spinnen.

b)

positiv	negativ
hilft der Müllerstochter	will der Königin das Liebste nehmen, ihr Kind
macht ein faires Angebot	will eine Gegenleistung für die Hilfe haben
wird bestraft, weil sein Name bekannt wird	ist schadenfroh

c)

"Heute back ich,
Morgen brau ich,
Übermorgen hol ich der Königin ihr Kind;
Ach, wie gut ist, dass niemand weiß,
dass ich Rumpelstilzchen heiß!"

Station

Schneewittchen I

Aufgabe: *Schreibe zu jeder Szene einen kurzen Überblick:*

a) Die böse Königin im Schloss
b) Jäger und Schneewittchen im Wald
c) Schneewittchen im Zwergenhaus
d) Die Königin fragt ihren Spiegel
e) 3 Versuche, Schneewittchen umzubringen
f) Trauer der Zwerge
g) Auftauchen des Prinzen
h) Die Hochzeit

Station

Schneewittchen II

Aufgabe:

a) *Beschreibe Schneewittchen und die böse Königin genau. Wie sehen sie aus? Was machen sie? Welche Charaktermerkmale haben sie?*

b) *Setze in den Lückentext ein:*

Schneewittchen – Rosenrot – Prinzen – Märchen – Disney – Filme – Brüder Grimm

Schneewittchen ist eines der bekanntesten ____________________. Es erschien erstmals 1812, in der Sammlung der Kinder- und Hausmärchen der ____________ ________________. Es hieß erst Schneeweißchen, doch damit es nicht mit dem Märchen „Schneeweißchen und ________________" verwechselt wurde, benannte man es um. Es gibt eine Reihe ______________ zum Märchen. Einer davon ist von Walt _____________ und erschien 1937. Der Film heißt „Schneewittchen und die sieben Zwerge". In dem Film wird ________________ durch einen Kuss des ____________ wieder zum Leben erweckt.

GRIMMS MÄRCHEN AN STATIONEN
Klasse 5/6 – Bestell-Nr. 12 393

Station

Schneewittchen I

Lösung

a) Die böse Königin im Schloss erfährt durch ihren Spiegel, dass sie nicht mehr die Schönste im Land ist, sondern Schneewittchen.

b) Sie befiehlt dem Jäger, Schneewittchen zu töten. Doch der Jäger hat Mitleid und lässt Schneewittchen laufen.

c) Schneewittchen landet im Haus der 7 Zwerge, die es freundlich aufnehmen.

d) Die Königin hört von ihrem Spiegel, dass Schneewittchen noch lebt.

e) Sie versucht auf drei Arten, Schneewittchen zu töten: durch einen Schnürriemen, den sie ganz fest anzieht, durch einen vergifteten Kamm und einen vergifteten Apfel.

f) Nach dem dritten Besuch scheint die böse Königin erfolgreich gewesen zu sein. Schneewittchen ist tot. Die Zwerge sind maßlos traurig und weinen.

g) Da erscheint ein junger Prinz, der sich sofort in das schöne Mädchen im gläsernen Sarg verliebt. Er überredet die Zwerge, ihm den Sarg zu überlassen. Als seine Diener ihn wegtragen wollen, stolpern sie und Schneewittchen fällt das giftige Apfelstück aus dem Mund. Sie erwacht.

h) Es wird eine glanzvolle Hochzeit gefeiert, bei der die böse Königin in glühenden Schuhen tanzen muss, bis sie tot umfällt.

GRIMMS MÄRCHEN AN STATIONEN

Station

Schneewittchen II

Lösung

a) Die böse Königin ist maßlos eitel, stolz, hochmütig und eifersüchtig auf Schneewittchen. Sie galt immer als die schönste Frau im Land und konnte es nicht ertragen, dass Schneewittchen schöner sein sollte als sie. Sie war grausam, als sie Schneewittchen in den Wald führen ließ und der Jäger sie töten sollte, genau wie ihre drei Mordversuche barbarisch waren.
Schneewittchen hatte eine weiße Haut, rote Wangen und Haare so schwarz wie Ebenholz. Dabei war sie ein liebes Mädchen, das sich sofort in das Leben im Zwergenhaus einfügte.

b) Schneewittchen ist eines der bekanntesten Märchen. Es erschien erstmals 1812 in der Sammlung der Kinder- und Hausmärchen der Brüder Grimm. Es hieß erst Schneeweißchen, doch damit es nicht mit dem Märchen „Schneeweißchen und Rosenrot“ verwechselt wurde, benannte man es um. Es gibt eine Reihe Filme zum Märchen. Einer davon ist von Walt Disney und erschien 1937. Der Film heißt „Schneewittchen und die sieben Zwerge“. In dem Film wird Schneewittchen durch einen Kuss des Prinzen wieder zum Leben erweckt.

GRIMMS MÄRCHEN AN STATIONEN

Station

Schneewittchen III

Aufgabe:

Setze das Puzzle richtig zusammen und schreibe dann die Namen zu den Zwergen:

1 – Peter trägt eine Jacke mit weißen Punkten.
2 – Paul hält einen großen Stein fest.
3 – Karl fährt die Schubkarre.
4 – Max hat eine Schaufel in der Hand.
5 – Kurts Mütze ist gestreift und hat einen Bommel.
6 – Fritz schwingt die Hacke.
7 – Franz sagt gerade: „Oje, oje!"

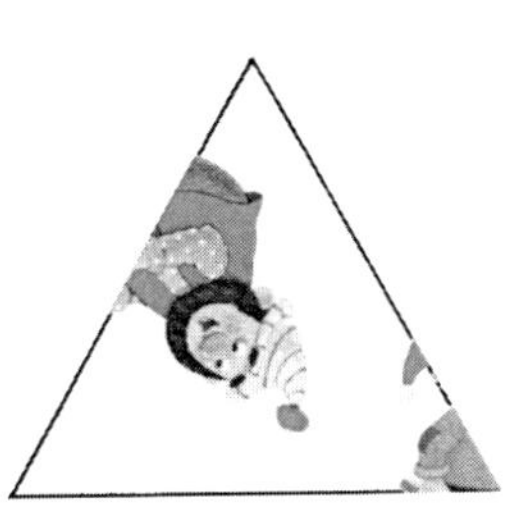

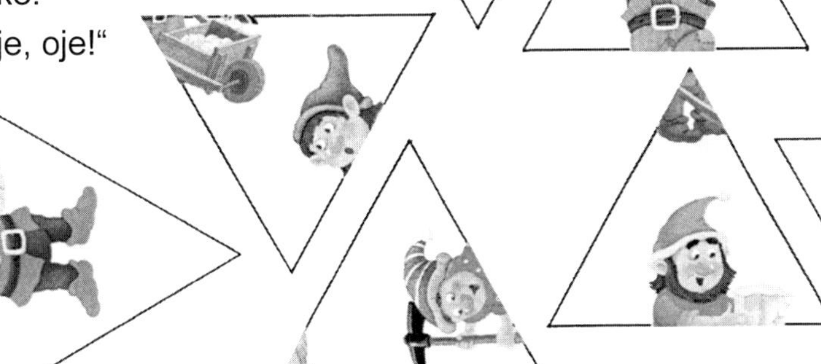

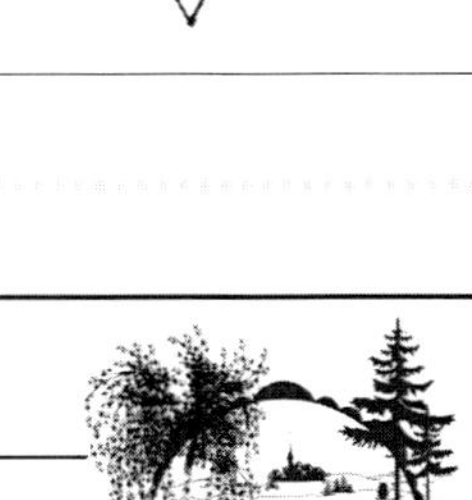

Station

Schneewittchen IV

Aufgabe: *Finde im Wortsuchspiel 20 Begriffe, die zu Schneewittchen gehören.*

F	E	S	U	M	S	E	N	A	L	E	B	E	R	D
R	S	C	H	L	O	S	S	A	R	N	E	K	I	L
I	A	H	F	E	R	C	B	E	T	T	C	H	E	N
S	L	N	B	A	H	H	L	O	P	A	H	O	M	A
C	Z	E	V	I	K	U	U	S	P	I	E	G	E	L
H	E	E	R	T	A	H	T	I	E	S	R	A	C	U
L	Z	W	E	R	G	E	M	A	B	G	L	E	J	N
I	A	I	R	W	U	L	E	B	E	T	E	T	Ä	G
N	N	T	E	A	V	E	G	U	N	R	I	A	G	E
G	G	T	E	L	L	E	R	C	H	E	N	K	E	L
H	E	C	H	D	I	A	B	L	O	F	S	A	R	G
E	N	H	O	I	A	P	F	E	L	T	R	M	E	R
R	F	E	N	D	H	E	N	N	Z	A	U	M	T	E
K	Ö	N	I	G	S	S	O	H	N	G	R	Z	W	E
A	E	S	C	H	N	Ü	R	R	I	E	M	E	N	Z

Station

Schneewittchen III

Lösung

1 – Peter	2 – Paul	3 – Karl	4 – Max
5 – Kurt	6 – Fritz	7 – Franz	

Station

Schneewittchen IV

Lösung

F		S							L	E	B	E	R	
R	S	C	H	L	O	S	S				E			
I		H				C	B	E	T	T	C	H	E	N
S		N				H	L				H			
	Z	E	V	I	K	U	U	S	P	I	E	G	E	L
H		E				H	T		E		R			U
L	Z	W	E	R	G	E			B		L		J	N
I	A	I		W					E		E		Ä	G
N	N	T		A					N		I		G	E
G	G	T	E	L	L	E	R	C	H	E	N	K	E	
	E	C		D					O		S	A	R	G
	N	H			A	P	F	E	L			M		
		E							Z			M		
K	Ö	N	I	G	S	S	O	H	N					
		S	C	H	N	Ü	R	R	I	E	M	E	N	

Station

Tischlein deck´dich I

Aufgabe: **a)** *Warum verjagt der Vater seine drei Söhne?*

b) *Was macht der Vater? Welche Berufe erlernen die drei Söhne? Was bekommen sie von ihren Meistern als Abschiedsgeschenk?*

	Beruf	Abschiedsgeschenk
Vater		---
1. Sohn		
2. Sohn		
3. Sohn		

c) *Wie heißen die Zauberworte für den Tisch, den Esel und den Knüppel?*

d) *Der jüngste Bruder ist bald fertig mit der Lehre. Seine Brüder schrieben ihm in einem Brief, wie schlimm es ihnen ergangen wäre, und wie sie der Wirt um ihre schönen Geschenke gebracht hätte. Schreibt diesen Brief und erfindet auch eine Adresse.*

GRIMMS MÄRCHEN AN STATIONEN
Klasse 5/6 – Bestell-Nr. 12 393
KOHL VERLAG

Station

Tischlein deck´dich II

Aufgabe: **a)** **Kriminalfall Knüppel:** *Der Wirt hat den jüngsten Bruder wegen Körperverletzung und Diebstahl angezeigt. Kommissar/in „X" und seine Leute nehmen den Fall auf: Sie befragen den Beschuldigten, den Wirt, Zeugen (die beiden Brüder, Gäste im Wirtshaus ...). Schreibt einen Polizeibericht. Denkt euch Namen für die Leute aus. Folgende Punkte sollten vorkommen:*

1. Tat, Tatort, Tatzeit	5. Zeugen, Namen,
2. Tatwerkzeug	6. Beziehung zum Opfer
3. Täter, Wohnort, Beruf	7. Tatmotive
4. Opfer, Wohnort, Beruf	8. Sonstiges

b) **Kriminalfall Tischlein deck dich und Esel:** *Die Brüder verklagen den Wirt wegen Diebstahls an dem Tischlein und dem Goldesel. Wann und wie wurde der Diebstahl bemerkt? Warum befand sich der Bestohlene am Tatort? Kommissar/in „Y" befragt die Söhne, den Wirt, die Leute im Gasthaus …*

Station

Lösung

Tischlein deck´dich I

a) Die Ziege ist schuld. Sie lügt dem Vater vor, dass sie nicht genug Futter bekommen hätte.

b) und **c)**

Vater	ist Schneider
1. Sohn	Der älteste Sohn – Lehre als Schreiner – Ende der Lehre Geschenk; Tischchen. Zauberwort: „Tischchen, deck dich!“,
2. Sohn	Der zweite Sohn – Lehre als Müller – Ende der Lehre Geschenk; Esel spuckt (speit) Gold hinten und vorne. Zauberwort: „Bricklebrit“
3. Sohn	Der jüngste Bruder bekommt vom Meister einen Sack mit einem Knüppel. Zauberwort: „Knüppel, aus dem Sack!“ Der Knüppel schlägt die Person, bis der Besitzer sagt: „Knüppel, in den Sack!“

d) freie Antworten

Station

Lösung

Tischlein deck´dich II

a)
1. spätabends im Gasthaus
2. Knüppel
3. 3. Sohn vom Schneider
4. Wirt, wohnt im Gasthaus
5. andere Gäste
6. keine
7. Neid, Gier
8. freie Antworten

b) freie Antworten

Station

Tischlein deck´dich III

Aufgabe: a) *Bestimmt ganz schön peinlich, wenn man die Verwandtschaft zum Essen einlädt und der Tisch bleibt leer. Auch Tante Gundula war zum Essen eingeladen. Am nächsten Tag berichtet sie ihrer Freundin Charlotte von dem Reinfall. Was erzählt sie? Was sagt Charlotte dazu? Schreibe einen Dialog von dem Gespräch auf.*

b) *Auch der zweite Sohn fühlt sich bestimmt sehr unbehaglich, als der Esel nicht das versprochene Gold speit. Was denkt und überlegt er wohl?*

c) *Nachdem der jüngste Sohn Tischlein deck dich und Goldesel zurückgebracht hat, kommt die ganze Familie wieder zusammen. Was geschieht?*

GRIMMS MÄRCHEN AN STATIONEN
Klasse 5/6 – Bestell-Nr. 12 393
KOHL VERLAG

Station

Tischlein deck´dich IV

Aufgabe: a) *Was wisst ihr über die Berufe der 3 Brüder? Forscht nach!*

Schreiner	
Müller	
Drechsler	

b) *Was geschah mit der Ziege, nachdem sie kahl geschoren und davongejagt wurde?*

GRIMMS MÄRCHEN AN STATIONEN
Klasse 5/6 – Bestell-Nr. 12 393
KOHL VERLAG

Station

Lösung

Tischlein deck´dich III

freie Antworten

Station

Lösung

Tischlein deck´dich IV

a)

Schreiner	Schreiner stellen Schränke, Sitzmöbel, Tische, Fenster und Türen, aber auch Innenausbauten her.
Müller	Früher hatte der Müller seine eigene Wind- oder Wassermühle, in der er meist noch einen Mühlenknecht beschäftigt hatte. Der Müller mahlte früher das Korn zu Mehl und musste die Mühle und die Mahlsteine in Ordnung halten.
Drechsler	Es wurden Haushaltsutensilien aus Holz gedrechselt: Becher, Kerzenleuchter, Schüsseln, Stühle, Schemel, Spinnräder, Teller. Sie arbeiten hauptsächlich an der Drehbank.

b) Die Ziege verkriecht sich aus Scham über ihren kahlen Kopf in einen Fuchsbau, wo der Fuchs und dann der Bär vor ihren glühenden Augen erschrecken und davonlaufen. Aber die Biene sticht ihr in den geschorenen Kopf, sodass die Ziege vor Schmerz flieht. Keiner weiß, wo sie geblieben ist.

GRIMMS MÄRCHEN AN STATIONEN Klasse 5/6 – Bestell-Nr. 12 393
KOHL VERLAG

! Station

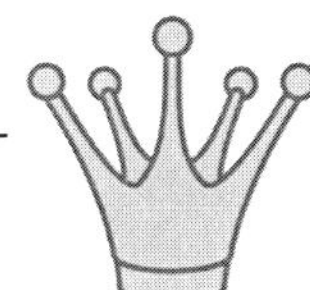

Märchensalat I

Aufgabe: *Na, da stimmt doch etwas nicht! Füge die Sätze richtig zusammen und nenne den Namen des Märchens!*

Rotkäppchen wohnte bei den 7 Zwergen.
Rapunzel tanzte um das Feuer.
Dornröschen verlor seinen Schuh.
Schneewittchen ließ ihr Haar herunter.
Hänsel und Gretel verjagten die Räuber.
Der böse Wirt fraß 6 von den 7 Geißlein.
Frau Holle schlief 100 Jahre lang.
Rumpelstilzchen wurde 1. Minister.
Die Prinzessin begegnete im Wald dem Wolf.
Der gestiefelte Kater spielte mit der goldenen Kugel.
Aschenputtel schüttelte die Betten auf.
Der Wolf klaute das Tischlein deck dich.
Die Bremer Stadtmusikanten kamen zum Lebkuchenhaus.

GRIMMS MÄRCHEN AN STATIONEN
Klasse 5/6 – Bestell-Nr. 12 393
KOHL VERLAG

Station

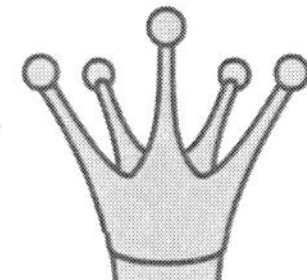

Märchensalat II

Aufgabe:

a) *Fast richtig, aber nicht so ganz – welche Märchen verstecken sich hinter den Titeln?*

1. Blaumützchen
2. Der Schäferhund und die 7 Schäfchen
3. Stühlchen, versteck dich
4. Die Kölner Landsänger
5. Parunzel
6. Der verkaterte Stiefel
7. Stechröschen

b) *Wer wohnt denn hier?*

1. Frau Puttel, Aschenstraße 75, 47883 Taubenheim
2. Herr Stiefel, Fellweg 3, 75882 Lederhausen
3. Herr Goldkugel, Platschweg 87, 91654 Froschbrunnen
4. Familie Hund, Eselsweg 87, 56333 Katzenhausen
5. Frau Schüttel, Bettengase 13, 65987 Federhausen
6. Herr Stilzer, Am Feuerberg 17, 36726 Rumpelshausen

GRIMMS MÄRCHEN AN STATIONEN
Klasse 5/6 – Bestell-Nr. 12 393
KOHL VERLAG

Station

Märchensalat I

Lösung

Rotkäppchen begegnete im Wald dem Wolf.
Schneewittchen wohnte bei den 7 Zwergen.
Rapunzel ließ ihr Haar herunter.
Dornröschen schlief 100 Jahre lang.
Hänsel und Gretel kamen zum Lebkuchenhaus.
Der böse Wirt klaute das Tischlein deck dich.
Frau Holle schüttelte die Betten auf.
Rumpelstilzchen tanzte um das Feuer.
Die Prinzessin spielte mit der goldenen Kugel.
Der gestiefelte Kater wurde 1. Minister.
Die Bremer Stadtmusikanten verjagten die Räuber.
Aschenputtel verlor seinen Schuh.
Der Wolf fraß 6 von den 7 Geißlein.

Station

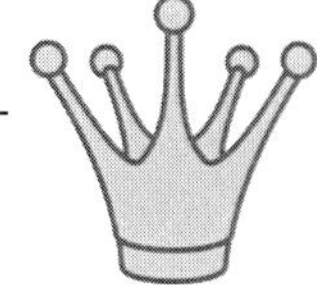

Märchensalat II

Lösung

a) So heißen die Märchen richtig:

- Rotkäppchen
- Der Wolf und die sieben Geißlein
- Tischlein, deck dich
- Die Bremer Stadtmusikanten
- Rapunzel
- Der gestiefelte Kater
- Dornröschen

b) Hier wohnen:

- Aschenputtel
- Der gestiefelte Kater
- Der Froschkönig
- Die Bremer Stadtmusikanten
- Frau Holle
- Rumpelstilzchen

Station

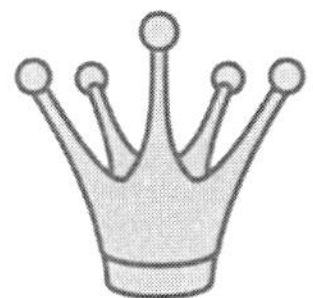

Märchenfiguren I

Aufgabe: *In welchem Märchen kommen diese Figuren vor? Nenne den Namen!*

GRIMMS MÄRCHEN AN STATIONEN
Klasse 5/6 – Bestell-Nr. 12 393
KOHL VERLAG

Station

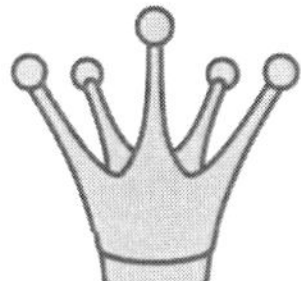

Märchenfiguren II

Aufgabe: *In welchem Märchen kommen diese Figuren vor? Nenne den Namen!*

GRIMMS MÄRCHEN AN STATIONEN
Klasse 5/6 – Bestell-Nr. 12 393

Station

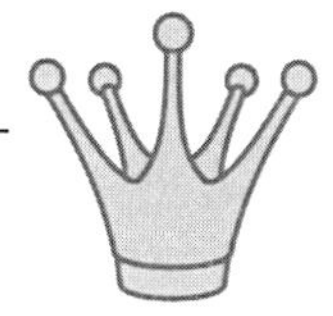

Märchenfiguren I

Lösung

Schneewittchen	Aschenputtel	Der Froschkönig	Rumpelstilzchen
Der gestiefelte Kater	Rotkäppchen	Dornröschen	Rapunzel

Station

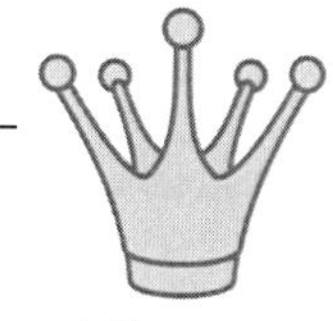

Märchenfiguren II

Lösung

Schneewittchen	Frau Holle	Schneewittchen	Hänsel und Gretel
Rumpelstilzchen	Wolf und die 7 Geißlein	Tischlein deck dich	Bremer Stadtmusikanten

GRIMMS MÄRCHEN AN STATIONEN
Klasse 5/6 – Bestell-Nr. 12 393
KOHL VERLAG

Station

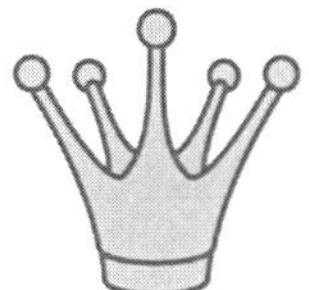

Was gibt es in diesen Märchen nicht?

Aufgabe: *Eins zu viel. Was kommt in diesen Märchen gar nicht vor?*

Rumpelstilzchen	Stroh	Müller	König	Koch
Der gestiefelte Kater	Löwe	Kuchen	Kutsche	Maus
Der Wolf und die 7 Geißlein	Kreide	Schere	Brotkrumen	Uhrenkasten
Tischlein, deck dich	Knüppel	Goldtaler	Ziege	Hund
Rotkäppchen	Wein	Blumenstrauß	Birnen	Jäger
Der Froschkönig	Goldkugel	Goldteller	Gans	Brunnen
Dornröschen	Prinzessin	alte Frau	Spinnrad	Tiger
Frau Holle	Backofen	Apfelbaum	Brunnen	Vater
Hänsel und Gretel	Edelsteine	Kieselsteine	Schwan	Entchen
Schneewittchen	Spiegel	Jäger	Apfel	Stadt
Die Bremer Stadtmusikanten	Ente	Hund	Räuber	Hahn
Aschenputtel	Stiefmutter	Tauben	Esel	Pech
Rapunzel	Zauberin	Dornen	Spinnrad	Zopf

Station

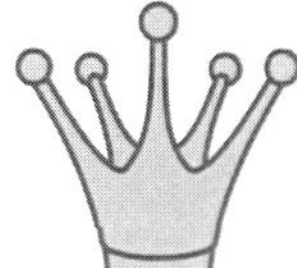

Versteckte Märchen

Aufgabe: *In diesen Zeilen verstecken sich 4 Märchen. Findest du sie?*

Eines Tages sprach seine Mutter zu ihm: „Liebes Töchterchen, bring den Kuchen und die Flasche Wein der kranken Großmutter." Als er seine zwei Jahre herum hatte, sprach der Meister: „Weil du dich so wohl gehalten hast, schenke ich dir einen Esel von einer besonderen Art." Da lief der Räuber, so schnell er konnte, zu seinem Hauptmann zurück. Als es sah, wie der Jäger sein Messer zückte, begann es zu weinen und bettelte: „Lass mir mein Leben, lieber Jäger, und du wirst nie mehr von mir hören." „Er speit Geld", antwortete der Müller. Der Jäger hatte Erbarmen und ließ das Mädchen laufen. Er zieht nicht am Wagen und trägt auch keine Säcke. „Wozu ist er dann zunutze?", fragte der junge Geselle. Im Wald traf es den Wolf. Er fragte, wohin es gehe. „Ich bringe meiner kranken Großmutter Wein und Kuchen", sagte das Mädchen. Er sagte: „In dem Haus sitzt eine gräuliche Hexe. Sie hat mich angehaucht und mit ihren langen Fingern das Gesicht zerkratzt."

GRIMMS MÄRCHEN AN STATIONEN
Klasse 5/6 – Bestell-Nr. 12 393
KOHL VERLAG

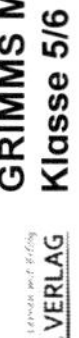

Station

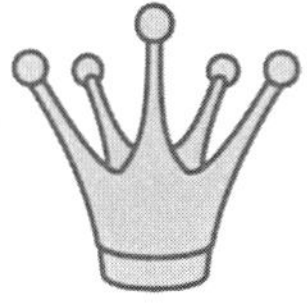

Lösung

Was gibt es in diesen Märchen nicht?

Das kommt in dem Märchen nicht vor:

Rumpelstilzchen	Koch
Der gestiefelte Kater	Kuchen
Der Wolf und die 7 Geißlein	Brotkrumen
Tischlein, deck dich	Hund
Rotkäppchen	Birnen
Der Froschkönig	Gans
Dornröschen	Tiger
Frau Holle	Vater
Hänsel und Gretel	Schwan
Schneewittchen	Stadt
Die Bremer Stadtmusikanten	Ente
Aschenputtel	Esel
Rapunzel	Zauberin

GRIMMS MÄRCHEN AN STATIONEN

Station

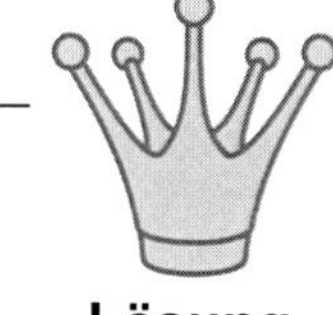

Lösung

Versteckte Märchen

Du findest folgende Märchen:

Tischlein deck dich: Als er seine zwei Jahre herum hatte, sprach der Meister: „Weil du dich so wohl gehalten hast, schenke ich dir einen Esel von einer besonderen Art: Er zieht nicht am Wagen und trägt auch keine Säcke.“ „Wozu ist er dann zunutze?“, fragte der junge Geselle. „Er speit Geld“, antwortete der Müller.

Bremer Stadtmusikanten: Da lief der Räuber, so schnell er konnte, zu seinem Hauptmann zurück. Er sagte: „In dem Haus sitzt eine gräuliche Hexe. Sie hat mich angehaucht und mit ihren langen Fingern das Gesicht zerkratzt.

Schneewittchen: Als es sah, wie der Jäger sein Messer zückte, begann es zu weinen und bettelte: „Lass mir mein Leben, lieber Jäger, und du wirst nie mehr von mir hören.“ Der Jäger hatte Erbarmen und ließ das Mädchen laufen.

Rotkäppchen: Eines Tages sprach seine Mutter zu ihm: „Liebes Töchterchen, bring den Kuchen und die Flasche Wein der kranken Großmutter.“ Im Wald traf es den Wolf. Er fragte, wohin es gehe. „Ich bringe meiner kranken Großmutter Wein und Kuchen“, sagte das Mädchen.

GRIMMS MÄRCHEN AN STATIONEN

Station

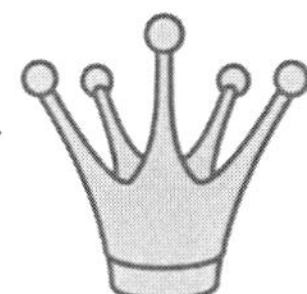

Märchensprüche I

Aufgabe: *Was gehört zu welchem Märchen?*

a) Knusper, knusper knäuschen, wer knabbert an meinem Häuschen?

b) Mäh, mäh, ich bin so satt, ich mag kein Blatt!

c) Spieglein, Spieglein, an der Wand, wer ist die Schönste im ganzen Land?

d) Ach, wie gut, dass niemand weiß, dass ich ... heiß.

e) Ruckedidu, Ruckedidu, Blut ist im Schuh …

f) Königstochter, jüngste, mach mir auf!

g) Kikeriki, Kikeriki, unsere goldene Jungfrau ist wieder hie.

h) Rapunzel, Rapunzel, lass dein Haar hinunter.

i) Bäumchen, rüttel dich und schüttel dich, wirf Gold und Silber über mich.

j) Wer hat von meinem Tellerchen gegessen?

k) Was rumpelt und pumpelt in meinem Bauch herum?

l) Heute back ich, morgen brau ich, übermorgen hol ich der Königin ihr Kind ...

GRIMMS MÄRCHEN AN STATIONEN
Klasse 5/6 – Bestell-Nr. 12 393
KOHL VERLAG

Station

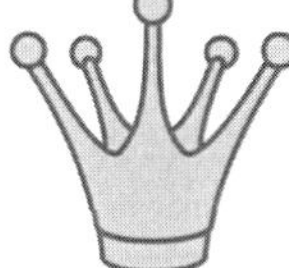

Märchensprüche II

Aufgabe: *Irgendetwas stimmt hier doch nicht ... Wie müsste es richtig heißen?*

a) Ach, wie gut, dass jeder weiß, dass ich Rumpelstilzchen heiß!

b) Die guten ins Süppchen, die schlechten ins Töpfchen.

c) Rapunzel, Rapunzel, lass mir den Korb herunter!

d) Spieglein, Spieglein, in der Hand, wer ist die Schönste im ganzen Land?

e) Kikeriki, unsere hübscheste Jungfrau ist wieder hie!

f) Knusper, knusper, knäuschen, wer knuspert da wie ein Mäuschen?

g) Was rumpelt und pumpelt in meinem Kopf herum?

h) Ei, Großmutter, was hast du für braune Hände?

i) Ich bin so satt, ich mag kein Salat.

j) Wer hat aus meinem Gläschen getrunken?

Station

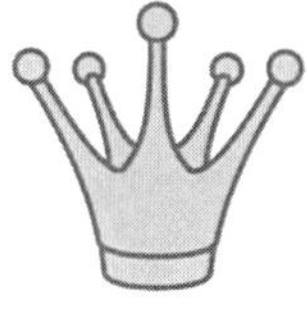

Märchensprüche I

Lösung

a) Hänsel und Gretel
b) Tischlein deck dich
c) Schneewittchen
d) Rumpelstilzchen
e) Aschenputtel
f) Froschkönig
g) Frau Holle
h) Rapunzel
i) Aschenputtel
j) Schneewittchen
k) Der Wolf und die sieben Geißlein
l) Rumpelstilzchen

Station

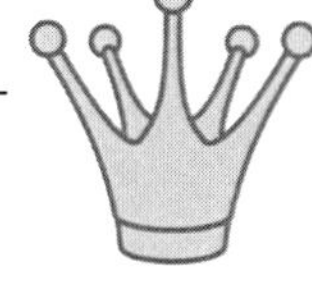

Märchensprüche II

Lösung

a) Ach, wie gut, dass keiner weiß, dass ich Rumpelstilzchen heiß!
b) Die guten ins Töpfchen, die schlechten ins Kröpfchen.
c) Rapunzel, Rapunzel, lass dein Haar herunter!
d) Spieglein, Spieglein, an der Wand, wer ist die Schönste im ganzen Land?
e) Kikeriki, unsere goldene Jungfrau ist wieder hie!
f) Knusper, knusper, knäuschen, wer knuspert an meinem Häuschen?
g) Was rumpelt und pumpelt in meinem Bauch herum?
h) Ei, Großmutter, was hast du für große Hände?
i) Ich bin so satt, ich mag kein Blatt.
j) Wer hat aus meinem Becherchen getrunken?

GRIMMS MÄRCHEN AN STATIONEN

Station

Wichtige Märchenmerkmale I

Viele Märchen beginnen mit den Worten „Es war einmal“ und enden mit „wenn sie nicht gestorben sind, dann leben sie noch heute“. Ort und Zeit werden nicht näher angegeben. In Märchen treten z. B. Könige und Königinnen, Prinzen und Prinzessinnen, Handwerker und Bauern auf. Meist wird der Hauptfigur eine Aufgabe gestellt, die sie lösen muss. Sie wandert von Abenteuer zu Abenteuer und erlebt Dinge, die es nicht gibt. Sie begegnet Feen und Zauberern, Tieren, die sprechen können und auch dem Bösen in Gestalt von Hexen und Stiefmüttern. Oft spielen auch die magischen Zahlen 3, 7 und 12 sowie Zaubersprüche eine wichtige Rolle. Zum Schluss siegt fast immer das Gute und das Böse wird bestraft.

Aufgabe: *Beschreibe zu den folgenden Punkten kurz die Märchenmerkmale:*

der Anfang	
Ort und Zeit	
die Personen	
die Handlung	
das Ende	
Zaubersprüche und magische Zahlen	

Station

Wichtige Märchenmerkmale II

Aufgabe: *Nicht in jedem Märchen kommen alle Märchenmerkmale vor. Welche findest du hier im Text von Rumpelstilzchen?*

Es war einmal ein Müller, der war arm, aber er hatte eine schöne Tochter. Nun traf er den König, und um sein Ansehen zu erhöhen, sagte er zu ihm: „Ich habe eine Tochter, die kann Stroh zu Gold spinnen.“ Der König sprach: „Das ist eine Kunst, die mir wohl gefällt. Bring sie morgen in mein Schloss, da will ich sie auf die Probe stellen.“ Als nun das Mädchen zu ihm gebracht wurde, führte er es in eine Kammer, die ganz voll Stroh lag, gab ihr Rad und Haspel und sprach: „Jetzt mache dich an die Arbeit, und wenn du bis morgen früh dieses Stroh nicht zu Gold versponnen hast, so musst du sterben.“ Darauf schloss er die Kammer, und sie blieb allein darin. Da saß nun die arme Müllerstochter. Sie verstand gar nichts davon, wie man Stroh zu Gold spinnen konnte, und ihre Angst wurde immer größer. Da ging auf einmal die Tür auf, und ein kleines Männchen trat herein und sprach: „Guten Abend, Jungfer Müllerin, warum weint sie so sehr?“ „Ach“, antwortete das Mädchen, „ich soll Stroh zu Gold spinnen und kann das nicht.“ Da sprach das Männchen: „Was gibst du mir, wenn ich es dir spinne?“ „Mein Halsband“, sagte das Mädchen. Das Männchen nahm das Halsband, setzte sich vor das Rädchen, und schnurr, schnurr, schnurr, dreimal gezogen, war die Spule voll. So ging es drei Nächte lang, bis der König zufrieden war.

Station

Wichtige Märchenmerkmale I

Lösung

- Viele Märchen beginnen mit den Worten „Es war einmal“.
- Wo das Geschehen spielt, wird in Märchen ebenso wenig verraten, wie die Zeit, in der sich das Geschehen ereignet.
- In Märchen treten z. B. Könige und Königinnen, Prinzen und Prinzessinnen, Handwerker und Bauern oder die böse Stiefmutter auf.
- Oft begibt sich der Held oder die Heldin auf eine Reise, bei der er meistens drei Aufgaben bewältigen oder Prüfungen bestehen muss, für die er oder sie am Ende eine Belohnung erhält.
- Viele Märchen enden mit „wenn sie nicht gestorben sind, dann leben sie noch heute“. Meist werden die Bösen bestraft und die Guten siegen.
- Zaubersprüche und magische Zahlen finden sich oft in Märchen. (Der Wolf und die 7 Geißlein, Schneewittchen und die 7 Zwerge, die 12 weisen Frauen bei Dornröschen, die 3 Söhne bei Tischlein deck‘ dich)

Station

Wichtige Märchenmerkmale II

Lösung

Es war einmal ein **Müller**, der war arm, aber er hatte **eine schöne Tochter**. Nun traf er den König, und um sein Ansehen zu erhöhen, sagte er zu ihm: „Ich habe eine Tochter, die kann Stroh zu Gold spinnen.“ **Der König** sprach: „Das ist eine Kunst, die mir wohl gefällt. Bring sie morgen in mein Schloss, da will ich sie auf die Probe stellen.“ Als nun **das Mädchen** zu ihm gebracht wurde, führte er es in eine Kammer, die ganz voll Stroh lag, gab ihr Rad und Haspel und sprach: „Jetzt mache dich an die Arbeit, und wenn du bis morgen früh dieses Stroh nicht zu Gold versponnen hast, so musst du sterben.“ Darauf schloss er die Kammer, und sie blieb allein darin. Da saß nun die arme **Müllerstochter**. Sie verstand gar nichts davon, wie man Stroh zu Gold spinnen konnte, und ihre Angst wurde immer größer. Da ging auf einmal die Tür auf, und **ein kleines Männchen** trat herein und sprach: „Guten Abend, Jungfer Müllerin, warum weint sie so sehr?“ „Ach“, antwortete das Mädchen, „ich soll Stroh zu Gold spinnen und kann das nicht.“ Da sprach das Männchen: „Was gibst du mir, wenn ich es dir spinne?“ „Mein Halsband“, sagte das Mädchen. Das Männchen nahm das Halsband, setzte sich vor das Rädchen, und schnurr, schnurr, schnurr, **dreimal gezogen**, war die Spule voll. So ging es **drei Nächte** lang, bis der König zufrieden war.

Station

Aufbau eines Märchens

1. Der Held bekommt eine Aufgabe (z. B. Rettung einer Prinzessin …)
2. Er versucht diese Aufgabe zu lösen: Meist gelingt es beim ersten Mal nicht.
3. Mit Mut, List oder einem Helfer (gute Fee, goldener Schlüssel) schafft er es.
4. Gutes Ende und Belohnung: Sieg des Helden, Gold, Heirat, der Böse wird besiegt.

Aufgabe: *Finde zu den Punkten 1 – 4 weitere Beispiele.*

① • ______________________________

• ______________________________

② • ______________________________

• ______________________________

③ • ______________________________

• ______________________________

④ • ______________________________

• ______________________________

GRIMMS MÄRCHEN AN STATIONEN
Klasse 5/6 – Bestell-Nr. 12 393
KOHL VERLAG

Station

Gliederung des Märchens (roter Faden)

- **Einleitung**: kurz und knapp, den Leser neugierig machen, aber nicht zu viel verraten.
- **Hauptteil**: Spannung erzeugen bis zum Höhepunkt.
- **Schluss**: Kurzer Schluss, der einen Blick in die Zukunft geben kann.
- **Überschrift**: Wenn dein Märchen fertig geschrieben ist, überlegst du dir eine passende Überschrift.

Worte für Einleitung und Ende:

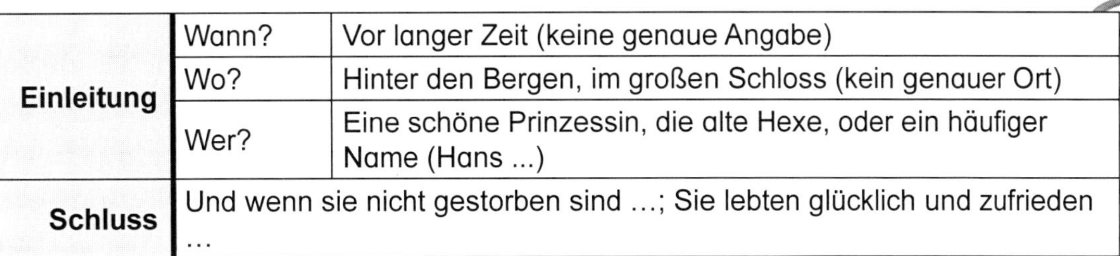

Einleitung	Wann?	Vor langer Zeit (keine genaue Angabe)
	Wo?	Hinter den Bergen, im großen Schloss (kein genauer Ort)
	Wer?	Eine schöne Prinzessin, die alte Hexe, oder ein häufiger Name (Hans ...)
Schluss	Und wenn sie nicht gestorben sind …; Sie lebten glücklich und zufrieden …	

Aufgabe: *Ordne die Begriffe aus dem Märchen Dornröschen am „ roten Faden“:*

Prinz, Taufe, Kinderwunsch, Hochzeit, Dornenhecke, Dornröschen 15 Jahre, Baby, 100 Jahre schlafen

GRIMMS MÄRCHEN AN STATIONEN
Klasse 5/6 – Bestell-Nr. 12 393

Station

Lösung

Aufbau eines Märchens

① • ein verwunschenes Tier in einen Menschen zurück verwandeln
• ein armes Mädchen aus der Gewalt einer Hexe befreien

② • er muss einen Berg besteigen, der von einem Zauberer bewacht wird
• er muss einen Eingang zu einem versteckten Keller finden

③ • eine gute Fee verrät ihm den Weg
• er gibt dem bösen Zauberer ein Schlafmittel

④ • die befreite Prinzessin heiratet den mutigen Bauernsohn
• die arme Prinzessin findet eine wohl gefüllte Schatztruhe

Station

Lösung

Gliederung des Märchens (roter Faden)

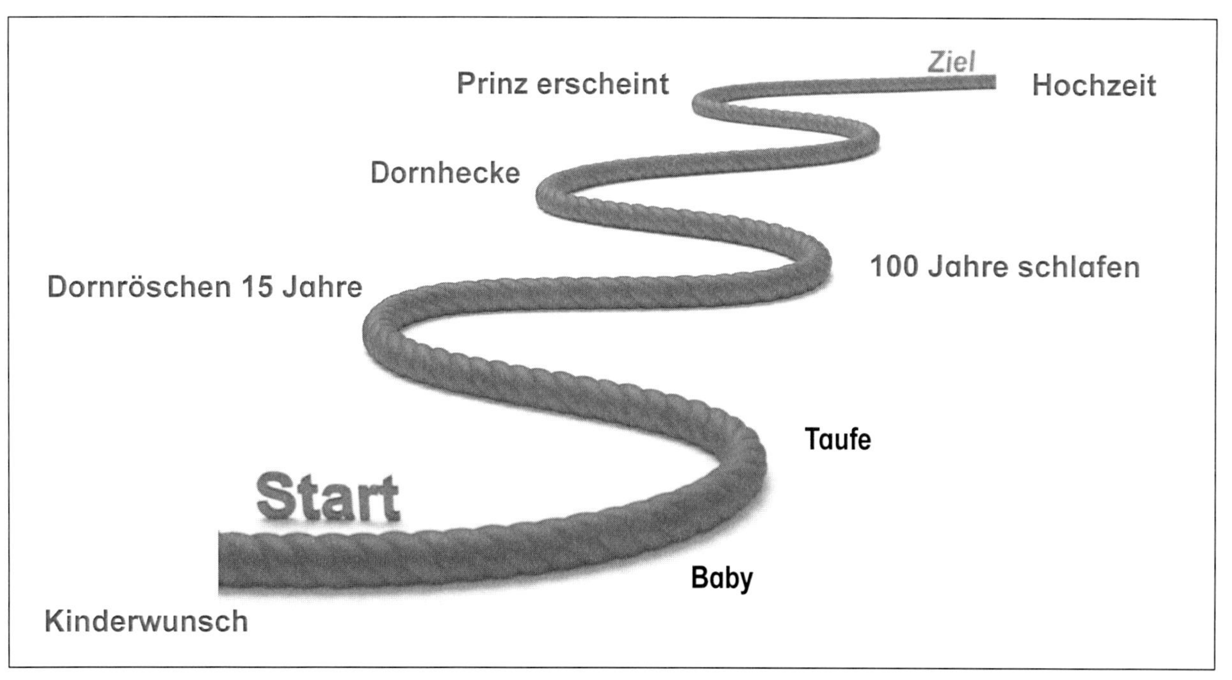

Station

Die Hauptpersonen

Aufgabe: *Setze die folgenden Adjektive und Aussagen in die Felder ein:*

Jung, schön, hilfsbereit – Hexe, Stiefmutter – verwendet Zauber oder Gift – am Schluss glücklich, reich, angesehen – die gute Fee, sprechende Tiere, ein Zwerg – alt, hässlich, gemein – Müllerssohn, Prinz – anfangs oft arm und unglücklich – versucht den Held zu betrügen, zu töten – junges Mädchen, hübsche Prinzessin, Prinz

Der Held – wie ist er?	Der Bösewicht – wie ist er?
Beispiel:	*Beispiel:*
Jemand, der Hilfe braucht	**Jemand, der hilft:**
Beispiel:	*Beispiel:*

Station

Märchenfiguren

In Märchen finden wir die verschiedensten Personen: böse Hexe, armes Mädchen, Feen, Zwerge, Prinzen, Könige, Prinzessinnen, Königinnen, böse Zauberer, sprechende Tiere.

Aufgabe: *Finde zu jeder Person mindestens ein Märchen-Beispiel:*

böse Hexe	
armes Mädchen	
Fee	
Zwerge	
Prinz	
König	
Prinzessin	
Königin	
böser Zauberer	
sprechende Tiere	

Station

Lösung

Die Hauptpersonen

Der Held – wie ist er?	Der Bösewicht – wie ist er?
jung, schön, hilfsbereit	alt, hässlich, gemein
anfangs oft arm und unglücklich	versucht den Held zu betrügen, zu töten
am Schluss glücklich, reich, angesehen	verwendet Zauber oder Gift
Beispiel:	*Beispiel:*
Müllerssohn, Prinz	Hexe, Stiefmutter
Jemand, der Hilfe braucht	**Jemand, der hilft:**
Beispiel:	*Beispiel:*
junges Mädchen, hübsche Prinzessin, Prinz	die gute Fee, sprechende Tiere, ein Zwerg

Station

Lösung

Märchenfiguren

böse Hexe	Hänsel und Gretel, Rapunzel
armes Mädchen	Rapunzel, Aschenputtel, Goldmarie
Fee	Dornröschen – weise Frauen
Zwerge	Schneewittchen
Prinz	Aschenputtel, Dornröschen, Schneewittchen
König	gestiefelter Kater, Vater von Dornröschen
Prinzessin	Dornröschen, Froschkönig,
Königin	böse Stiefmutter – Schneewittchen
böser Zauberer	gestiefelter Kater
sprechende Tiere	gestiefelter Kater, Bremer Stadtmusikanten

Station

Ein Märchen erfinden

Aufgabe: *Es macht Spaß, eigene Märchen zu erfinden, weil die Personen in deiner Geschichte auch genau das tun, was du gerne möchtest. Trotzdem musst du erst einiges überlegen: Erstelle einen Schreibplan für dein Märchen:*

1. Wer ist die Hauptperson?
2. Welche Märchenfiguren spielen noch mit?
3. An welchem Ort spielt das Märchen?
4. Wer ist der oder die gute Person?
5. Wer ist der Bösewicht oder die böse Frau?
6. Welche Abenteuer müssen der Held oder die Heldin bestehen?
7. Wie endet dein Märchen für den Bösen?
8. Wie sieht es für die Hauptperson am Schluss aus?

Beginne und ende mit den üblichen Märchenworten (Es war einmal …, und wenn sie nicht gestorben sind, dann leben sie noch heute …)

Achte beim Schreiben auch auf Rechtschreibung, Zeichensetzung und auf treffende Formulierungen!

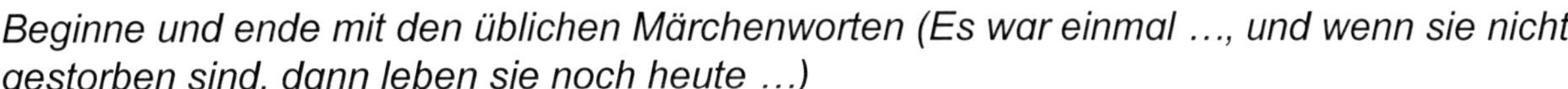

Station

Ein Märchen schreiben

Aufgabe: *Erfinde ein Märchen, indem du aus jedem Bereich EIN Wort verwendest. Denke an die Märchenmerkmale und gib deinem Märchen eine passende Überschrift.*

- **Ort:** Schloss – Garten – Wald – Höhle im Berg
- **Held**: armes Mädchen – Sohn des Müllers – Prinz
- **Gegner**: böser Zauberer – gehässiger Zwerg – Hexe
- **Aufgaben**: Zauberblume suchen – Drachenschuppen besorgen – reißenden Fluss überqueren
- **Magischer Helfer**: Zwerg(e), silberner (goldener) Schlüssel, gute Fee – Spiegel, Brunnen, Spindel, Federn, Zauberring, goldene Kugel, Goldregen
- **Belohnung**: Heirat – Reichtum – Wünsche

Station

Ein Märchen erfinden

Lösung

Hier ein paar Vorschläge:

1	junger Handwerksgeselle, Prinzessin, verzauberter Prinz
2	Zwerge, Fee, Riese
3	im tiefen Wald, in einer Höhle, auf einem Schloss
4	meistens ist das die Hauptperson
5	Hexe, Zauberer
6	goldenen Schlüssel suchen, bösen Geist bezwingen
7	ertrinkt in einem See, fällt vom Schlossturm
8	erhält einen Goldschatz, heiratet Prinz oder Prinzessin

Station

Ein Märchen schreiben

Lösung

Hier einige Tipps:

So kannst du ein spannendes Märchen schreiben:

1. Denke an die Merkmale, die Märchen erfüllen müssen.
2. Lass den roten Faden deutlich werden.
3. Verwende passende und abwechslungsreiche Verben (z. B. für sagen, laufen ...).
4. Benutze wörtliche Rede (Tiere und Pflanzen können im Märchen sprechen!).
5. Benutze anschauliche Adjektive (grässlich, riesig, grauhaarig, ...).
6. Schreibe im Präteritum (Imperfekt).
7. Gib Gedanken und Gefühle der Figuren wieder.

GRIMMS MÄRCHEN AN STATIONEN

Station

Märchentheater

Aufgabe:

- Ihr nehmt euch das Märchen „Frau Holle" vor.
- Ihr schreibt dazu ein „Drehbuch", d. h., Dialoge für Frau Holle, die böse Mutter, die fleißige Tochter, die faule Tochter und ein paar Worte für den Backofen und den Apfelbaum.
- Sucht euch eine Souffleuse (die euch vorsagt, wenn ihr den Text nicht mehr wisst), und einen Spielleiter.
- Lernt euren Text sinngemäß auswendig. Ihr müsst auch wissen, wann ihr was zu sagen habt.
- Spielt das Märchen durch. Der Spielleiter sagt euch, was ihr besser machen könnt.
- Sucht euch ein paar passende Kostüme.
- Gestaltet die Kulissen, den Hintergrund.
- Führt das Stück eurer Klasse vor.

Station

Plakat zur Aufführung gestalten

Aufgabe: *Erstellt ein Plakat für eure Aufführung!*

Ihr braucht:

- großes Blatt und Bleistift
- einen schwarzen Filzstift
- Farb- oder Filzstifte

Wichtig ist:

1. Was kommt zur Aufführung? Ein Titel, ein Bild gehört hierhin.
2. Wann ist der Auftritt? Datum und Uhrzeit werden angegeben.
3. Wo findet das Ereignis statt? Aula, Klasse, Gemeindehaus …
4. Was kostet es? Nichts? Oder nehmt ihr Eintritt?

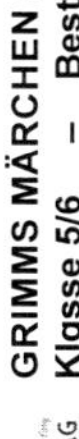

KOHL VERLAG GRIMMS MÄRCHEN AN STATIONEN Klasse 5/6 – Bestell-Nr. 12 393

Station  

Märchentheater

Lösung

So kann ein Dialog aussehen:
Goldmarie: „Ich habe die Spindel in den Brunnen fallen lassen.“
Die böse Stiefmutter: „Dann schau, dass du sie wieder hinaus holst!“
Goldmarie: „Wie soll ich das denn machen?“
Stiefmutter: „Schau, dass du die Spule wieder herbringst, wie, ist mir egal!“

So könnt ihr Kulissen gestalten:
Die Tafel kann mit einigen weißen oder hellblauen Tüchern zum Himmel werden.

Das könnt ihr als Kostüme benutzen:
Ihr könnt euch mit einigen alten Röcken und Blusen verkleiden. Ein dickes Kissen und ein paar Federn für Frau Holle finden sich bestimmt auch. Gold und Pech lassen sich durch goldene Folie und schwarzes Seidenpapier darstellen.

Station  

Plakat zur Aufführung gestalten

Lösung

So könnte euer Plakat aussehen:

Frau Holle

Am 12.12.2020 um 16:00 Uhr
in der Aula der
Brüder-Grimm-Schule
in Kleinmuckelsdorf

Eintritt: 3,00 €

Station

Das Leben der Brüder Jacob und Wilhelm Grimm

Jakob Grimm wird 1785 und sein Bruder Wilhelm Grimm 1786 in Hanau geboren. Der Vater der Brüder Grimm ist Jurist. Sie leben die ersten Jahre in Steinau an der Straße und besuchen das Gymnasium in Kassel.
Nach ihrem Schulbesuch beginnen beide ein Jurastudium in Marburg. Danach erhalten die Brüder jeder eine Stelle als Bibliothekar an der Hessischen Landesbibliothek in Kassel. Dort entstehen von 1812 bis 1815 die wichtigsten Teile ihrer berühmten Märchensammlung.
Viele Märchen, die die Brüder Grimm sammelten und aufschrieben, hören sie von der Märchenfrau Dorothea Viehmann. Sie erfanden die Märchen nicht selber.

Sie beginnen gleichzeitig mit den Arbeiten am „Deutschen Wörterbuch". Jacob Grimm schafft mit seiner „Deutschen Grammatik" ein bedeutendes Werk. Beide werden später Professor an der Universität in Göttingen. Sie gehen 1840 nach Berlin, um dort weiter am „Deutschen Wörterbuch" zu arbeiten. 1859 verstirbt Wilhelm Grimm in Berlin und sein Bruder Jacob stirbt 1863 am gleichen Ort.

Aufgabe: *Erstelle zu den Brüdern Grimm einen kurzen Steckbrief. Dazu gehören Geburtsjahr und Sterbejahr, Wohnorte, Ausbildung, Berufe und Werke.*

Station

Das Erbe der Brüder Grimm

In Hanau, ihrer Geburtsstadt, steht seit 1896 ein Denkmal der Brüder Grimm.
Hanau, Marburg, Kassel und Steinau an der Straße bezeichnen sich als Brüder-Grimm-Städte, weil die Brüder dort aufgewachsen sind. In Kassel gibt es ein Brüder-Grimm-Museum.
Zur Erinnerung an ihr Leben und Wirken werden die Brüder-Grimm-Preise vom Land Berlin, von der Stadt Hanau und der Philipps Universität in Marburg verliehen. Die Akademie der Wissenschaften zu Göttingen verleiht die Brüder-Grimm-Medaille.
In der Staatsbibliothek zu Berlin befindet sich der größte Teil ihres Nachlasses.
Zu ihren bekanntesten gemeinsamen Werken zählen:

- Kinder- und Hausmärchen (1812 – 1858, 200 Geschichten)
- Deutsches Wörterbuch
- Deutsche Sagen (fast 600 Geschichten, darunter der bekannte „Rattenfänger von Hameln")

Aufgabe: **a)** *Erkläre, welche deutschen Städte besonders mit den Brüdern Grimm verbunden sind und warum.*

b) *Wann erschien das erste Märchenbuch?*

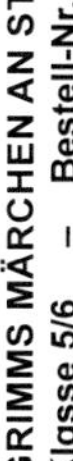

Station

Das Leben der Brüder Jacob und Wilhelm Grimm

Lösung

	Jacob Grimm	Wilhelm Grimm
Geburtsjahr	1785	1786
Wohnorte	Hanau, Steinau an der Straße, Kassel, Göttingen Berlin	
Ausbildung	Schulzeit in Kassel, Jurastudium in Marburg	
Berufe(e)	Jurist, Bibliothekar, Sprachwissenschaftler, Professor	
Werke	Kinder- und Hausmärchen, Deutsches Wörterbuch	
Strebejahr	1863	1859

Station

Das Erbe der Brüder Grimm

Lösung

a) **1.** Hanau – die Geburtsstadt der Brüder Grimm

2. Steinau an der Straße und

3. Kassel – dort sind die Brüder aufgewachsen

4. Marburg – dort studierten die beiden

5. Göttingen – dort waren sie erst Bibliothekare und dann Professoren

6. Berlin – dort arbeiteten die Brüder am „Deutschen Wörterbuch“

b) Das erste Märchenbuch erschien 1812.

KOHL VERLAG GRIMMS MÄRCHEN AN STATIONEN Klasse 5/6 – Bestell-Nr. 12 393

Station

Die Route

Die Deutsche Märchenstraße ist eine Ferienstraße in Deutschland. Seit 1975 führt die Route von der Brüder-Grimm-Stadt Hanau über 600 Kilometer bis nach Bremen, der Stadt der Bremer Stadtmusikanten. Sie reiht die Lebensstationen der Brüder Grimm sowie Orte und Landschaften, in denen ihre Märchen beheimatet sind, an einem Reiseweg aneinander.

In Lahntal-Goßfelden befindet sich die Wirkungsstätte des Malers Otto Ubbelohde. Er schuf viele Illustrationen der Kinder- und Hausmärchen und der Deutschen Sagen der Brüder Grimm. In Lahntal steht das Otto-Ubbelohde-Haus. Baunatal ist der Geburtsort der Märchenerzählerin Dorothea Viehmann, einer der Hauptquellen der Grimm'schen Märchen.

Aufgabe: a) *Zwischen welchen Städten verläuft die Deutsche Märchenstraße?*

b) *Von wem hörten die Brüder Grimm viele Geschichten, die sie dann als Märchen aufschrieben?*

c) *Wer illustrierte viele der Märchen? Wo lebte der Mann?*

Station

Stationen an der Märchenstraße

Abgesehen von den Städten, in denen die Brüder Grimm gelebt haben, gibt es an der Deutschen Märchenstraße auch eine Reihe besonderer Orte.

Aufgabe: a) *Forscht nach und berichtet, was es dort besonderes gibt: Bad Wildungen, Hessisch Lichtenau, Sababurg, Trendelburg, Burgruine Polle, Alsfeld, Bremen.*

b) *Ordnet die Bilder passend zu und nennt die Märchen, an die sie erinnern.*

Station

Die Route

Lösung

a) Die Deutsche Märchenstraße verläuft zwischen Hanau und Bremen, macht allerdings auch einige „Umwege“.

b) Viele Geschichten erfuhren die Brüder Grimm von Dorothea Viehmann.

c) Otto Ubbelohde schuf viele Illustrationen der Kinder- und Hausmärchen und der Deutschen Sagen. Er lebte in Lahntal-Goßfelden.

Station

Stationen an der Märchenstraße

Lösung

b)

1. In Bad Wildungen findet man das **Schneewittchen**-Dorf Bergfreiheit, wo die 7 Zwerge mit Schneewittchen über einen Weg schlendern. (Bild 3)
2. In Hessisch Lichtenau gibt es den **Frau-Holle**-Park, wo eine Holzfigur am Frau-Holle-Teich entlangwandert (Bild 4).
3. In Reinhardswald steht das **Dornröschen**-Schloss Sababurg. Es wurde 1334 erbaut und Mitte des 20. Jahrhunderts umgebaut (Bild 2).
4. Am Rande des Reinhardswaldes erhebt sich die Trendelburg. Über 40 Meter ragt der Burgturm empor – gut vorstellbar, dass von dort oben **Rapunzel** ihr Haar herab ließ. (Bild 7)
5. **Auf der Burgruine Polle sitzt** Aschenputtel in der Küche am Herd mit flackerndem Feuer, eine Schüssel voll Erbsen und Linsen auf dem Schoß, umringt von weißen Tauben. An der Ruine findet sich auch ihr goldener Schuh. (Bild 6)
6. Das aus dem Jahre 1628 stammende Fachwerkhaus in Alsfeld beherbergt heute das Märchenhaus. Ob „Die sieben Zwerge“, „**Rotkäppchen**“ oder „Prinzen und Feen“ – alle haben hier ihren Platz. (Bild 1)
7. **Die Bremer Stadtmusikanten** stehen seit 1953 am Bremer Rathaus. (Bild 5)